Thomas Reichert

Wir
vom Jahrgang
1956
Kindheit und Jugend

Impressum

Bildnachweis:

Umschlag: Bettina Klein, Wettenberg (vorne oben), Archiv Thomas Reichert (vorne unten, hinten); Innenteil: Archiv Thomas Reichert: S. 5, 21, 25 u., 39, 51, 52, 53, 60; Archiv Eduard Reichert: S. 6 l./r., 7, 8 l./r., 9, 10, 12, 16, 17 o./u., 20, 24 o./u., 25 o., 26 u., 27, 29, 31, 33 o., 34, 48 o.; Bettina Klein, Wettenberg: S. 13; Archiv Gertrud Becker-Fuchs: S. 14, 15; Presse-Bild-Poss: S. 19, 37; Norbert Seidl, Wettenberg: S. 22; ©SchneiderBuch in der Harper Collins Germany GmbH, Hamburg: 26 o.; Ilse Burscher-Kohn: S. 28; J. Alex Klein, Adenau: S. 33 u.; Klaus Meier-Ude, Frankfurt a. M.: S. 41, 46, 61; Bundesarchiv, Bild 183-N0622-0035, Foto Mittelstädt, Rainer, CC-BY-SA: S. 49; Weismann Verlag: S. 50; Suhrkamp Verlag GmbH & Co. KG: S. 54;
ullstein bild – TopFoto: S. 35; ullstein bild – Robert Hetz: S. 48 u.; ullstein bild – C.T. Fotostudio: S. 43; ullstein bild – United Archives/Roba Archiv: S. 44; ullstein bild – Pressefoto Kindermann: S. 45; ullstein bild – Gert Kreutschmann: S. 55, 59; ullstein bild – Klaus Rose: S. 57; ullstein bild – IVB-Report: S. 58; ullstein bild – Granger NYC: S. 63; picture-alliance/dpa/Empics Neal Simpson: S. 38; picture-alliance/dpa/Horst Ossinger: S. 40; picture-alliance/dpa/Nasa/Ho: S. 42

Wir danken allen Lizenzträgern für die freundliche Abdruckgenehmigung. In Fällen, in denen es nicht gelang, Rechtsinhaber an Abbildungen zu ermitteln, bleiben Honoraransprüche gewahrt.

15. Auflage 2025
Alle Rechte vorbehalten, auch die des auszugsweisen
Nachdrucks und der fotomechanischen Wiedergabe.
Gestaltung und Satz: r2 | Ravenstein, Verden
Druck: Druck- und Verlagshaus Thiele & Schwarz GmbH, Kassel
Buchbinderische Verarbeitung: Buchbinderei S. R. Büge, Celle
© Wartberg-Verlag GmbH
34281 Gudensberg-Gleichen • Im Wiesental 1
Telefon: 056 03/9 30 50 • www.wartberg-verlag.de
ISBN: 978-3-8313-3056-0

Vorwort
Liebe 56er!

Wenn ich mich frage, welche Ereignisse und Eindrücke jener Jahre besonders wichtig und charakteristisch waren, prägend für meine Generation oder meinen Jahrgang, denke ich vor allem an folgende Punkte:

Was uns von deutlich Älteren oder auch Jüngeren unterscheidet, ist die zeitliche Distanz wie Nähe zum Krieg und zum Nationalsozialismus. Anders als Ältere sahen wir keine zerstörten Städte und meist keine zerstörten Gebäude mehr, aber anders als für Jüngere war die Vergangenheit durch viele Schwerkriegsbeschädigte präsent; man kann davon ausgehen, dass bei den Kindern, deren Väter oder Mütter durch den Krieg beschädigte Menschen waren, die Situation der Eltern auch in das Verhalten gegenüber ihren Kindern einging und somit auch in deren Empfinden und Verhalten. Ansonsten gab es für die meisten keine Not mehr, ein bescheidener oder größerer Wohlstand begann sich aufzubauen, viele Kinder wuchsen in ihren Familien geborgen auf.

Ein weiterer Punkt war der Konservativismus jener Jahre; die „Roten" (die SPD) an der Regierung waren für viele unvorstellbar, man mutmaßte, sie würden „uns" an „die Russen" verraten, was immer das genau heißen sollte; Pfarrer predigten im Sinne der CDU/CSU von den Kanzeln. Die Auswirkungen der 68er brachten Konflikte und Brüche in Familien. Ein prägender Eindruck jener Jahre waren auch der Terror der RAF sowie der Radikalenerlass, der viele von uns, vor dem Abitur, auf dem Weg zum Beruf, verunsicherte: Würde gesellschaftskritisches Denken dazu führen, dass man den gewünschten Beruf nicht ergreifen könnte?

Wer sich mit der Vergangenheit befasst, muss sich fragen: Wie genau stimmt die Erinnerung mit der Realität jener Jahre wirklich überein? Vieles in der Erinnerung kann nur schwer einem bestimmten Zeitpunkt zugewiesen werden; manchmal weiß man nicht, ob das Erinnerte eine „Familientradition" ist, immer wieder erzählt, oder ob man sich wirklich selbst daran erinnert. Inwieweit bestimmt die eigene Gegenwart, was man erinnert? Solche Unsicherheiten vorausgesetzt, will ich mein Möglichstes tun, Ausschnitte der Vergangenheit, der damaligen Realität gerecht werdend, wiederzugeben. Oder, mit den Worten des Butlers von Miss Sophie aus „Dinner for One": „I'll do my very best."

Thomas Reichert

Thomas Reichert

In bescheidenem Wohlstand: die Anfänge

Wie es begann …

Vor dem „persönlichen" Beginn stehen das Umfeld der Menschen und die Zeit als Rahmen, in den man hineingeboren wird; in meinem Fall hieß dies: ein gutbürgerliches und bewusst katholisches Elternhaus, Freunde meist mit ähnlichem Hintergrund, in einer Kleinstadt mit ca. 20 000 Einwohnern am Rande der Eifel. Während man keine Kriegsfolgen an den Gebäuden mehr sah, fand man sie wohl an den Menschen: Kriegsbeschädigte sahen wir immer wieder, z. B. Männer, bei denen ein großer Teil eines Beins amputiert war. Die damaligen Prothesen ermöglichten es ihnen zu gehen, aber nur mit großen Schwierigkeiten.

Die Erinnerung an die ersten Lebensjahre muss sich noch in vielem auf die Familientradition des Erzählten berufen: Während einige Jahre zuvor noch die Hausgeburt nichts Ungewöhnliches war, wurden die Babys jetzt meist im Krankenhaus zur Welt gebracht. Großfamilien, mit mehreren Generationen unter einem

Chronik

9. Juli 1956
Der Bundestag beschließt die Einführung
der allgemeinen Wehrpflicht; Kriegs- bzw.
Wehrdienstverweigerer werden künftig vor
Ausschüssen bei den Wehrämtern einer
Gewissensprüfung unterzogen.

14. August 1956
Tod des Dramatikers, Lyrikers und
Erzählers Bertolt Brecht (geb. 1898); Brecht
hatte seit 1933 in verschiedenen Ländern
im Exil gelebt und war 1949 nach Deutschland (Ostberlin) zurückgekehrt.

23. Oktober 1956
Ungarischer Volksaufstand.

25. März 1957
Gründung der EWG mit den Römischen
Verträgen.

15. September 1957
Konrad Adenauer wird zum dritten Mal
Bundeskanzler; die CDU/CSU erringt mit
270 Sitzen die absolute Mehrheit im
Bundestag.

4. Oktober 1957
Beginn der eigentlichen Raumfahrt mit dem
Start des sowjetischen Satelliten Sputnik 1;
am 3. November ist mit der Hündin Laika
das erste Lebewesen im Weltraum, am 12.
April 1961 mit Juri Gagarin der erste
Mensch.

10. Dezember 1957
Bei der Verleihung der Nobelpreise erhält
Albert Camus den Preis für Literatur;
Camus stirbt am 4. Januar 1960 bei einem
Autounfall.

11. August 1958
Tod Paula Bubers (geb. 1877), der Frau
des jüdischen Religionsphilosophen Martin
Buber; unter dem Pseudonym Georg Munk
hat sie Romane und Erzählungen veröffentlicht (u. a. „Muckensturm", ein Roman, der
die Ausbreitung des Nationalsozialismus in
der Bevölkerung einer Kleinstadt darstellt).

28. Oktober 1958
Nach dem Tod Pius' XII. am 9.10. wird
Angelo G. Roncalli zum Papst gewählt:
Johannes XXIII.

21. Dezember 1958
Lion Feuchtwanger (geb. 1884) stirbt, der
ab 1933 in den USA im Exil gelebt hatte.

Der erste Teddy

Dach, waren nicht mehr üblich; aber eine
Oma konnte anreisen und zu Hause
einspringen, um auf den Bruder aufzu-
passen und die Hausarbeit zu erledigen.
Fertignahrung aus dem Glas gab es noch
nicht; wenn die Babys nicht mehr gestillt
wurden, musste das meiste Essen von
der Mutter klein gemacht und zubereitet
werden: verschiedene Arten von Gemüse
wie Spinat, Möhren und Kartoffeln, klein
geschabte Leber oder auch Haferflocken,
die aufgekocht und dann durch ein feines
Sieb gedrückt wurden. Von Milupa gab es
etwa Haferschleim, ein Pulver, das

aufgekocht wurde. Wenn die Kinder ein bisschen älter wurden, erhielten sie oft „Rotbäckchen" oder „Sanostol" zur Stärkung.

Die Geburt eines Babys stellt ältere Geschwister vor die grundlegende Frage, wo denn der kleine Bruder oder die kleine Schwester herkommt. „Hast du's mitgebracht?", fragte mein vierjähriger Bruder meinen Vater, mit Blick auf dessen Aktentasche, als er die Nachricht erhielt, er habe ein Brüderchen bekommen.

In unserer Kindheit konnten Eltern noch ihren Kindern erzählen, dass sie vom Klapperstorch gebracht worden seien. Selbst genauer unterrichtet, versuchte ich einmal vergeblich, einen Jungen aus der Nachbarschaft von diesem Irrtum abzubringen; eine Narbe über einem Auge, wohl von einer Geburtszange, erklärte er zu der Stelle, an welcher der Klapperstorch ihn einst festgehalten habe.

Kinderwagenmodelle im Vergleich: 1952/1953 (rechts) und 1956/1957

Die Welt der „lieben Kleinen"

Die Kinderwagenmode hatte gegenüber den Jahren zuvor gewaltige Fortschritte gemacht: Wie bei den Autos jener Zeit dominierten geschwungene Linien und Chrom das Erscheinungsbild. Das Bett war schmal und von Holzstäben umgeben, die das Hinausfallen und -klettern verhinderten. Kuscheltiere waren schon damals wichtig für die „lieben Kleinen", wenn auch noch nicht in einer solchen Vielzahl wie oft heute: Der Stoffteddy war bei kleinen Jungen, auch bei Mädchen, fast ein Muss, dazu kamen Pferde, Häschen oder Hunde, Puppen meist bei Mädchen; diese spielten denn auch mit Puppenwagen und Puppenküche, Jungen mehr mit kleinen Autos. Eine Kinderpost aus Pappe wurde aufgestellt, mit einem aufgemalten Briefkasten und einem Schlitz darin, um die Briefe einzuwerfen, und mit Stempeln. Etwas Besonderes zum Spielen war der Bauernhof mit Tieren oder der Kaufladen mit Miniatur-Waren und Spielgeld. Im Sandkasten wurden Burgen gebaut und mit Plastikförmchen Kuchen gebacken. Das „Gebackene" wurde auch einmal – aber nur einmal! – probiert. Bald bauten wir auch Häuser mit Legosteinen.

Spielen mit der Kinderpost

Kindersprache und andere Verwirrungen

Um die Stoffwindeln bzw. die Wäsche zu waschen, stand unserer Mutter eine Waschmaschine zur Verfügung, die auch noch einige Jahre ihren Dienst tun musste: ein oben offenes Modell mit einer Art Drehkreuz in der Mitte, das sich einige Zeit nach links und dann nach rechts drehte, dann wieder nach links etc. „Rotterott" hieß die Waschmaschine bei uns Kindern, dem Geräusch, das sie machte, entsprechend; wesentlich lautstärker war „Wuwu", der Staubsauger. Andere kindliche Sprachbildungen der frühen Jahre waren das „Aktentat" (Attentat)

1. bis 3. Lebensjahr

Unser Blick auf die Welt war noch entwicklungsfähig

und die „unehrlichen Kinder"; „uneheliche Kinder" waren in den Gesprächen der Erwachsenen gemeint, und das Kind verstand das Wort nicht, begriff aber, dass mit diesen Kindern – aus Sicht der Erwachsenen – irgendetwas nicht in Ordnung war: Die „uneheliche Geburt" galt damals vielen als Makel. Andere Worte unserer Kindheit waren „Karl Freitag" und „Frollein (Fräulein) Leichnam": So konnte man sich die merkwürdigen Worte „Karfreitag" und „Fronleichnam" aneignen.

Prominente 56er

5. Jan.	Frank-Walter Steinmeier, Politiker (SPD)	6. Juni	Björn Borg, schwedischer Tennisspieler
13. Jan.	Inga Humpe, Pop-Musikerin	14. Juni	Gianna Nannini, italienische Rocksängerin
18. März	Ingemar Stenmark, schwedischer Skisportler (Slalom, Riesenslalom), mehrfacher Olympiasieger und Weltmeister	4. Juli	Bettina Böttinger, Fernsehmoderatorin und Produzentin
12. April	Herbert Grönemeyer, Sänger und Schauspieler	13. Juli	Günther Jauch, deutscher Fernsehmoderator
30. April	Lars von Trier, dänischer Filmregisseur	8. Aug.	Birgit Vanderbeke, Schriftstellerin
4. Mai	Ulrike Meyfarth, zweifache Olympiasiegerin im Hochsprung	20. Nov.	Olli Dittrich, Schauspieler, Komiker, Musiker
		5. Dez.	Klaus Allofs, Fußballfunktionär, ehemaliger deutscher Fußballer

Wohnkomfort und Badetag

Die Not der ersten Nachkriegsjahre war in der Bundesrepublik für viele Menschen einem bescheidenen Wohlstand gewichen. Ein Auto zu besitzen war noch keine Selbstverständlichkeit, die Wohnung war oft klein, zur Miete zu wohnen war eher die Regel als das Eigenheim, aber am Essen sollte nicht mehr gespart werden. Bei Familien, die zur Miete wohnten, gab es meist noch keine Kinderzimmer; ein Mittel, um den Wohnraum zu vergrößern, waren Klappbetten. So konnten sich die Betten tagsüber in schmale und hohe schrankähnliche Gebilde verwandeln und es war Platz geschaffen, u. a. um zu spielen. Die Fußböden der Häuser bestanden, abgesehen von den Kacheln in Bad und Küche, meist aus Holzdielen, die von Zeit zu Zeit gewachst und gebohnert wurden, Parkett war auch in den nächsten Jahren etwas eher Seltenes und Besonderes.

Geheizt wurde noch mit Kohle und Briketts, in zwei Zimmern stand je ein Ofen; später gab es – ein riesiger Fortschritt – einen Ölofen, manche Familien heizten auch mit Nachtspeicheröfen. Die Kohle wurde im Keller gelagert, wo später auch der Öltank stand. Mindestens einmal die Woche war Badetag für die Kinder, in der Regel samstags; das Wasser wurde über einen mit Gas betriebenen Boiler erhitzt.

Ein tragischer Schatten fiel auf das junge Leben des Kindes, als es beim Baden feststellte, dass seine Finger ganz runzlig geworden waren, was zu heftigem Weinen führte; zum Glück hatten die Erwachsenen Recht mit ihrer Behauptung, dass die Schrumpelfinger nach dem Baden wieder glatt würden, und künftig wurde diese vorübergehende Wandlung mit Fassung getragen.

Die soziale Lage war nicht bei allen so gut; in unserer Straße lebten Mitte/Ende der 50er-Jahre auch noch Familien in Holzbaracken. In der Kleinstadt sah man keine Obdachlosen, aber dass Menschen, meist Frauen, an der Tür schellten und um Hilfe baten, war nicht selten, z. B. auch Sinti- und Roma-Frauen. Hausierer, teils mit Bauchläden, kamen, um ihre Waren an der Haustür zu verkaufen, Messerschleifer boten ihre Dienste an. Es gab Gegenden in der Stadt, die dafür bekannt waren, dass die dort lebenden Menschen sozial schlecht gestellt waren; wer von dort kam, galt für viele als „asozial".

Die Freiheit vor dem „Ernst des Lebens"

Ein Weihnachtsgeschenk –
der Ruderroller

Spielplatz Straße

Inzwischen groß genug, um auch ohne Eltern außerhalb des Hauses herumzustromern, empfanden wir die Jahre als Vier- bis Fünfjährige als meist unbeschwerte Zeit, mit viel Freiheit, bevor mit der Schule der „Ernst des Lebens" anbrechen sollte. In den späten 50er- und frühen 60er-Jahren gab es noch unasphaltierte Straßen, und das hieß: Spielplätze. Der Autoverkehr war ohnehin mit dem von heute nicht zu vergleichen,

Chronik

8. Januar 1959
Charles de Gaulle wird französischer Präsident (Wahl im Dezember 1958).

25. Januar 1959
Martin Niemöller wendet sich in einer Rede in Kassel gegen die These vom gerechten Krieg; der moderne Krieg kenne keine moralische Grenze der Mittel.

16. Februar 1959
Fidel Castro wird kubanischer Ministerpräsident.

1. Juli 1959
Heinrich Lübke wird zum Bundespräsidenten gewählt.

14. März 1960
In New York treffen sich David Ben Gurion und Konrad Adenauer: das erste Treffen eines israelischen und eines bundesdeutschen Regierungschefs.

11. Mai 1960
In Argentinien wird Adolf Eichmann vom israelischen Geheimdienst entführt; am 11. April 1961 beginnt in Jerusalem der Prozess gegen Eichmann. Dieser hat die Deportation von Hunderttausenden Juden in die Vernichtungslager organisiert; er wird zum Tode verurteilt und 1962 hingerichtet.

9. November 1960
John F. Kennedy wird zum amerikanischen Präsidenten gewählt.

17. April 1961
Von den USA unter John F. Kennedy unterstützt, landet eine Truppe aus Exilkubanern in der Schweinebucht; die Invasion scheitert.

13. August 1961
In der Nacht zum 13. August besetzen Einheiten der Volksarmee und der Volkspolizei den Sowjetsektor Berlins und beginnen, diesen abzuriegeln; als Sperren werden am 15.8. erstmals Betonteile statt Stacheldraht verwendet – der Beginn des Mauerbaus.

17. September 1961
Bei der Bundestagswahl verliert die CDU/CSU ihre absolute Mehrheit (45,3 %); am 7. November wird Konrad Adenauer erneut zum Bundeskanzler gewählt. Er leitet eine Koalitionsregierung mit der FDP.

und zudem konnten Autos auf einer Straße mit Schlaglöchern nur langsam fahren. Alle ein bis zwei Jahre wurde grober Asphalt in die Löcher gekippt, der dann für einen oder zwei Winter hielt.

Wir Kinder konnten also ohne Gefahr mit Tretautos, Rollern oder Dreirädern über die Straße fahren, später mit Fahrrädern, die zu Anfang noch durch Stützräder am Hinterrad abgesichert waren. Eine Alternative zum Tretauto war ein „Ruderroller": ein Gefährt, das man in Bewegung setzte, indem ein Band mit einem gelben Griff zum Körper gezogen wurde; das Band rollte sich, wenn man nachließ, automatisch auf, und mit erneutem Ziehen konnte man das Tempo erhöhen; über dem rechten Hinterrad war eine Vorrichtung zum Bremsen angebracht, und man lenkte mit den Füßen an der Vorderachse. Mit diesem Gefährt konnte man schneller fahren als die Tretautos, solange man die Kraft zum Ziehen hatte; es kostete einiges an Energie, den Ruderroller in ein kontinuierliches Tempo zu versetzen.

Im Winter war die Straße mit festem Schnee bedeckt – eine gute Möglichkeit, um mit Stöcken und einem Stein Eishockey zu spielen. Schlittschuhe hatten dabei nur die älteren Kinder; für die Kleineren gab es Gleitschuhe – statt der schmalen, scharfkantigen Stahlkufe hatten sie eine mehrere Zentimeter breite Metallfläche, um auf dem eisigen Schnee zu gleiten. Vögel konnten wir in dieser Jahreszeit aus nächster Nähe beobachten, wenn sie sich Futter von der Fensterbank holten.

4. bis 6. Lebensjahr

Beim Schlittenfahren

Um in die Natur zu gelangen, brauchte man noch keine weiten Wege zurückzulegen; in unserem Fall befand sich direkt hinter dem Haus ein schmaler Bach, der früher Wasser zu einer Mühle geleitet hatte, und vor dem Haus, nach Bürgersteig und Straße, ein breiterer, flacher Bach, in dem man umherlaufen oder Kaulquappen fangen konnte. Freunde hielten die Kaulquappen über längere Zeit draußen in einem großen Bottich, und wir konnten die Entwicklung der kleinen Frösche verfolgen. Der Bürgersteig eignete sich im Übrigen auch gut, um Schneckenrennen zu veranstalten: Die Tiere wurden in einem Karton gesammelt, dann auf eine Linie gesetzt – und nun hieß es warten.

Hinter dem Mühlbach gab es große, teils verwilderte Gärten – ebenfalls ein idealer Spielplatz. In 10 bis 15 Minuten hatte man zu Fuß den Wald erreicht, und hier gab es Wege, die genug Gefälle hatten, um im Winter Schlitten zu fahren. Vor Kälte und Nässe schützten uns hohe Schuhe, dicke Strümpfe und „Steghosen". Im Sommer trugen viele Jungen die strapazierfähigen kurzen Lederhosen, für die kältere Zeit gab es Lederhosen, die übers Knie reichten und dort mit einer Schnalle geschlossen wurden. Mädchen trugen meist Röcke oder Kleider.

Kinder mit Roller

Literatur und Film

Am 22. Oktober 1959 wird in Berlin Bernhard Wickis Film „Die Brücke" uraufgeführt, der sich kompromisslos gegen den Krieg wendet.

1959 wird auch als das Jahr bezeichnet, „in dem die deutsche Literatur Weltniveau erreichte". Wichtige literarische Neuerscheinungen sind die Romane „Die Blechtrommel" von Günter Grass, „Billard um halb zehn" von Heinrich Böll, „Mutmaßungen über Jakob" von Uwe

Johnson sowie die Gedichtbände „Sprachgitter" von Paul Celan, „Nur eine Rose als Stütze" von Hilde Domin und „Flucht und Verwandlung" von Nelly Sachs.

Die Leitung des Suhrkamp-Verlags übernimmt in diesem Jahr, nach dem Tod Peter Suhrkamps, Siegfried Unseld; bei ihm werden die „Mutmaßungen über Jakob" publiziert, Johnsons erster Roman, der in der DDR nicht erscheinen konnte.

Feste im Kindergarten

Der Kindergarten war damals kein Muss, damit die „lieben Kleinen" Beschäftigung hatten oder versorgt waren, wenn die Mütter zur Arbeit mussten. Dass Frauen keinem Beruf nachgingen bzw. „Hausfrau und Mutter" als ihren Beruf ansahen, war eher üblich; insofern stellte es dann auch kein allzu großes Problem dar, wenn Kinder nicht in den Kindergarten gingen – die Mutter war in der Regel zu Hause.

Der Kindergarten in meiner Heimatstadt wurde von katholischen Nonnen geleitet, weitere Angestellte liefen in weißen Kitteln herum. Drei oder vier Gruppen von je 15 bis 20 Kindern wurden gleichzeitig betreut. Die Kinder bastelten viel, je nach Jahreszeit: im Sommer z. B. Kopfschmuck und Girlanden fürs Sommerfest, im Winter Lebkuchenhäuser und Laternen für die Martinsfeier; Krippenspiele wurden eingeübt und vor den Eltern aufgeführt, zudem gab es eine Fastnachtsfeier. Im Hof des Kindergartens befand sich auch ein Spielplatz mit einem Klettergerüst.

Im Kindergarten mit einer der katholischen Nonnen

Der Weg zum Kindergarten war meist nicht weit: Kinder, die ein Stück weit weg wohnten, wurden oft von ihrer Mutter gebracht und mittags wieder abgeholt; wer ganz in der Nähe wohnte, konnte die Strecke auch alleine oder mit anderen Kindern gehen.

Das Godesberger Programm

Am 15. November 1959 verabschiedet ein außerordentlicher Programm-Parteitag der SPD (13.–15. November) mit 324 gegen 16 Stimmen in Bonn-Bad Godesberg ein neues Parteiprogramm, welches das alte „Heidelberger Programm" von 1925 ablöst. Der Kernsatz des Godesberger Programms: „Sozialismus wird nur durch die Demokratie verwirklicht, die Demokratie durch den Sozialismus erfüllt."

Das Programm steht für den Wandel der SPD von der Weltanschauungs- zur Volkspartei. Marxistische Grundpositionen werden aufgegeben, Freiheit, Gerechtigkeit und Solidarität werden als Ziele genannt. Die Mitbestimmung soll zur Kontrolle wirtschaftlicher Macht angestrebt werden statt der bisher propagierten Beseitigung der kapitalistischen Produktionsverhältnisse durch Sozialisierung und Planwirtschaft. An der Entwicklung des Programms wesentlich beteiligt sind Carlo Schmid (1896–1979) und Herbert Wehner (1906–1990).

Christkind ante portas, und: Wer legt die Ostereier?

Weihnachten und Ostern waren zugleich Familienfeste und religiöse Feste: Es waren Tage der Geborgenheit, alles war noch klar und gut, Zweifel an dem, was man glaubte, gab es nicht. Weihnachten begann sich mit dem Nikolaustag, dem 6. Dezember, anzukündigen; der Nikolaus kam auch selbst vorbei, mit goldenem

Bischofsstab (den man in späteren Jahren auf dem Speicher entdeckte: ein Stock, mit goldfarbener Schnur umwickelt), weißem Rauschebart, einer Mitra, dem Bischofshut, auf dem Kopf – und mit Geschenken. Zu Hause schmückten Adventskranz und Adventskalender die Wohnung.

Zu Weihnachten gehörte die Spannung: Man wusste bis zuletzt nicht, welche Wünsche erfüllt würden, welche Geschenke es gab. An Heiligabend hantierten die Eltern mit dem Christkind im Wohnzimmer; einmal konnte ich sogar durchs Schlüsselloch dessen weißes Gewand sehen. Das heißt: Zufällig oder weil sie gemerkt hatten, dass das sonst brave Kind sich anschickte, durchs Schlüsselloch zu lugen, hielten die Eltern ein weißes Tuch

Wie werden Ostereier gelegt?

4. bis 6. Lebensjahr

davor. Wenn das Christkind ging, läutete es mit einer Glocke, und dann durften die Kinder ins Zimmer. Weihnachtslieder wurden gesungen, Gedichte aufgesagt, ein Abschnitt aus dem „Neuen Testament" gelesen, und natürlich ging man in die Kirche.

Das Weihnachtsessen war über viele Jahre ein Puter; wenige Tage später, an Silvester, gab es wie an den christlichen Feiertagen besonders gutes Essen: in späteren Jahren oft Fondue. Wir saßen zusammen bei Gesellschaftsspielen und Bleigießen. Am 6. Januar kamen jedes Jahr die Sternsinger mit den „Heiligen Drei Königen", die an der Tür sangen und dafür Süßigkeiten und Obst bekamen.

Mit Aschermittwoch begann die Fastenzeit, das hieß: bis Ostern keine Süßigkeiten essen, was die Vorfreude auf das Fest aber erhöhte. Ostern kam der Osterhase; auch hier gab es, wie beim Christkind, reale Beweise seiner Existenz. Wie sonst wäre zu erklären gewesen, dass die Kinder nicht nur zu Hause, sondern auch bei einem Spaziergang unterwegs Ostereier und auch Schokoladenhasen fanden?

Einkauf in der Nachbarschaft

In einer Zeit, wo viele Menschen noch kein Auto hatten, war man darauf angewiesen, seine Einkäufe in der Nachbarschaft erledigen zu können. Man kaufte nur kleinere Mengen, die man auch nach Hause tragen konnte. „Man", das waren in der Regel unsere Mütter, während die Väter zur Arbeit gingen. Mit den Müttern gingen wir zum Metzger oder Bäcker oder ins Lebensmittelgeschäft; Milch konnte man noch „lose" kaufen, d. h. in mitgebrachte Kannen abfüllen. Die Verkäufer waren meist die Inhaber des Geschäfts; oft gab es kurze Gespräche mit den Ladenbesitzern, es bestand auch ein sozialer Kontakt über den reinen Einkauf hinaus.

Besonders gern gingen wir mit der Mutter Schuhe kaufen: nicht nur wegen der neuen Schuhe, sondern auch, weil es im Laden Spielzeug für die Kinder und sogar ein kleines Karussell gab.

In späteren Jahren, mit dem Entstehen der Großhandelsketten, die ihre Geschäfte oft am Stadtrand errichteten, fuhr man dann mit dem Auto einkaufen und lud den Kofferraum mit Waren für die nächsten ein oder zwei Wochen voll. Viele der kleinen Geschäfte mussten mit den Jahren schließen.

Fast täglich unterwegs mit dem Kännchen: Die Milch gab's im Milchladen oder direkt beim Bauern

Zeit des Wandels: Schule und Wirtschafts- aufschwung

Ein Automodell der 60er-Jahre: der Opel Rekord

Automodelle der 60er-Jahre

Eines der beliebtesten Automodelle dieser Jahre und Symbol des Wirtschaftswunders war der VW Käfer, dessen Entwicklung bis in die Nazizeit zurückging. 1960 erhielt der Käfer einen Blinker – statt eines Winkers –, 1964 wurden die Scheiben vergrößert, ab August 1966 kam mit dem VW 1500 ein Modell mit 44-PS-Motor und 1493 ccm auf den Markt. Weitere Autos dieser Jahre waren der Ford 12 M, die Opel-Rekord-Modelle, der DKW („Das kleine Wunder") der Auto-Union, aus der 1969 durch Fusion mit den NSU Motorenwerken die Audi AG hervorging. In der DDR gab es seit 1957 den Trabant des Sachsenring Automobilwerks in Zwickau.

Eine Faller-Autobahn

Chronik

16./17. Februar 1962
In der Nacht drückt ein orkanartiger Sturm das Wasser der Nordsee gegen die Küsten, die Deiche halten nicht stand; man spricht von der größten Flutkatastrophe des Jahrhunderts. Vor allem in Hamburg kommen zahlreiche Menschen ums Leben.

1. April 1963
Das ZDF beginnt den Sendebetrieb.

3. Juni 1963
Tod Papst Johannes' XXIII.; zu seinem Nachfolger wird am 21. Juni Kardinal Giovanni Battista Montini gewählt, Paul VI.

28. August 1963
200 000 Menschen protestieren mit einem Marsch nach Washington gegen Rassendiskriminierung in den USA; am 9. September droht Kennedy dem Gouverneur von Alabama mit Eingreifen, wenn er nicht die Rassentrennung an Schulen aufhebt. Erst nach weiterem Druck können schwarze Kinder die Schulen in Alabama besuchen.

20. September 1963
Hitchcocks Film „Die Vögel" läuft in der Bundesrepublik an; ein weiterer erfolgreicher amerikanischer Film dieser Zeit war „Das Mädchen Irma la Douce" von Billy Wilder mit Shirley MacLaine und Jack Lemmon.

22. November 1963
John F. Kennedy wird ermordet.

9. September 1964
Mit 102 800 Arbeitslosen erreicht die Arbeitslosigkeit einen neuen Tiefstand; die Statistik nennt 608 000 offene Stellen.

März 1965
Seit Ende des Monats wird in Vietnam von den USA Napalm eingesetzt.

13. Juni 1965
Der jüdische Religionsphilosoph Martin Buber (geb. 1878 in Wien) stirbt in Jerusalem.

19. September 1965
Die CDU/CSU gewinnt die Bundestagswahlen mit 47,6 %; Ludwig Erhard, seit dem 16. Oktober 1963 Bundeskanzler, führt wiederum eine Koalitionsregierung mit der FDP an.

Ab 1955 baute BMW die Isetta, einen Kleinwagen, bei dem man vorne ein- und ausstieg. Auch in den 60er-Jahren sah man dieses Auto immer wieder. Marktführer in der oberen Mittelklasse der Autos war Mercedes; im September 1962 lief der 100 000. Nachkriegs-Mercedes vom Band, 1964 begann die Produktion des legendären 6-türigen Mercedes 600 Pullman.

In den Spielen von uns Kindern nahmen Autos eine wichtige Rolle ein: Als Spielautos gab es inzwischen die „Corgi Toys", die Lenkung und Federung und Türen hatten, die zu öffnen waren; wir ließen die Autos ein altes Holzbügelbrett hinunterdonnern oder bauten mit Streichhölzern Straßen auf dem Teppich. Beim Autoquartett fragten wir einander die Leistungen und Eigenschaften in- wie ausländischer Modelle ab. Manche Kinder hatten eine Autobahn von Carrera oder Faller zu Hause. Von Faller gab es auch, in verschiedenen Variationen, kleine Häuser, die man zusammensetzen und neben der Autobahn platzieren konnte.

Eine neue Zeit – die Schule

Mit sechs oder sieben Jahren wurden wir
nach Ostern eingeschult. Am ersten Schultag
erschienen die Kinder, begleitet von beiden
Eltern oder der Mutter, mit ihrer Schultüte, die
mit Dingen wie Bonbons, Schokolade und
Buntstiften gefüllt war, in der Schule. Da es
mehrere Schulen in der Stadt gab, war der
Schulweg für die Kinder nicht lang; etwa zehn
Minuten zu Fuß und wir waren angekommen.
Haferschleim, meist mit Milch und Kakaopul-
ver, war ein nahrhaftes Frühstück, das man
vor der Schule auch noch schnell essen konnte, wenn die Zeit knapp war. Für die
Pausen bekamen wir Obst oder belegte Brote mit; in der Schule konnten wir beim
Hausmeister auch Milch oder Kakao kaufen.

Einige Jahre zuvor hatte es noch getrennte Schulen und Klassen für Mädchen und
Jungen gegeben, jetzt waren die Klassen gemischt. Vor Beginn des Unterrichts und
am Ende der großen Pause stellten wir uns in Zweierreihen auf, gaben uns die
Hände und dann wurden wir ins Schulgebäude und in unsere Klassenräume gelas-
sen. Der pädagogische Wert kleiner Klassen war noch kein Kriterium: In den ersten
Jahren waren, auf der Volksschule wie später auf dem Gymnasium, Klassenstärken
mit etwa 40 Kindern die Regel. Richtige Zeugnisse mit Noten für die einzelnen
Fächer gab es erst ab dem zweiten Schuljahr. Die Fächer waren Rechnen, Lesen
und Schreiben, Religion, Heimatkunde, Malen, Musik, Sport. Eine Lehrerin meinte,
uns gutes Benehmen beibringen zu müssen: Mädchen sollten Erwachsene mit einem
Knicks begrüßen, Jungen mit einem Diener, wobei man sich so tief verbeugen sollte,
dass der Oberkörper fast einen rechten Winkel zu Unterkörper und Beinen bildete;
üblich war damals allerdings eine weniger übertriebene und noch erträgliche
Variante, bei der man leicht den Kopf neigte.

Am Anfang schrieben wir in der Schule noch mit Bleistift, bald mit Geha- oder
Pelikan-Füllfederhalter; Kugelschreiber waren verboten, weil sie die Schrift verdür-
ben. Schulbücher mussten von den Eltern gekauft werden, Lernmittelfreiheit kannte
man noch nicht. Unsere Bücher und Hefte trugen wir in Schulranzen, erst später,
nach der Volksschule, bekamen wir Schultaschen, die man unterm Arm oder mit Griff

in der Hand trug. Wir malten mit Buntstiften oder Wasserfarben und machten Kartof-
feldrucke oder wir bastelten im Herbst Männchen aus Kastanien und Hagebutten.

Das große Freizeitangebot, das Kinder heute schon ab dem Vorschul- oder
Schulalter haben – wie Sportverein, Musikschule, Ballett –, gab es zu unserer Zeit
noch nicht; wenn Kinder ein Musikinstrument lernen wollten, dann mussten die
Eltern dies privat organisieren.

Martin Luther King und die schwarze Bürgerrechtsbewegung in den USA

*Martin Luther King, geb. 1929, gilt als
eine der herausragenden Führungsper-
sönlichkeiten der schwarzen Bürgerrechtsbewegung in den USA, die für die
Gleichheit der Rechte der Schwarzen
kämpfte. 1957 wird als organisatorische
Basis die SCLC (Southern Christian
Leadership Conference) gegründet; King
wird zu ihrem ersten Präsidenten gewählt;
das Programm dieses Zusammenschlus-
ses schwarzer Führer des Südens ist:
Kampf gegen alle Formen der Rassentrennung, für die Registrierung der
schwarzen Wähler im Süden, dies auf der
Grundlage der Gewaltlosigkeit.*

*Am 28. August 1963 hält King seine
berühmte Rede „I have a dream": „Ich
habe einen Traum, dass eines Tages auf
den roten Hügeln von Georgia die Söhne
früherer Sklaven und die Söhne früherer
Sklavenhalter miteinander am Tisch der
Brüderlichkeit sitzen können ... Ich habe
einen Traum, dass meine vier kleinen
Kinder eines Tages in einer Nation leben
werden, in der man sie nicht nach ihrer
Hautfarbe, sondern nach ihrem Charakter
beurteilen wird ... Wenn wir die Freiheit
erschallen lassen ..., dann werden wir
den Tag beschleunigen können, an dem
alle Kinder Gottes – schwarze und weiße
Menschen, Juden und Heiden, Protestan-
ten und Katholiken – sich die Hände
reichen und die Worte des alten Negro
Spirituals singen können: ‚Endlich frei!
Endlich frei! Großer allmächtiger Gott, wir
sind endlich frei!'"*

*Am 10. Dezember 1964 erhält King den
Friedensnobelpreis. Auf ihn werden im
Laufe der Jahre mehrere Attentate verübt;
am 4. April 1968 wird er ermordet.*

Jim Knopf, Kasperle und Emma zu Hause

Zu den Fernseherlebnissen jener Jahre gehörten die Sendungen der Augsburger
Puppenkiste – „Kater Mikesch", „Der Löwe ist los", „Jim Knopf" u. a. – sowie „Die
Kinder von Bullerbü" nach Astrid Lindgren, eine Serie, die seit 1961 im Fernsehen

7. bis 10. Lebensjahr

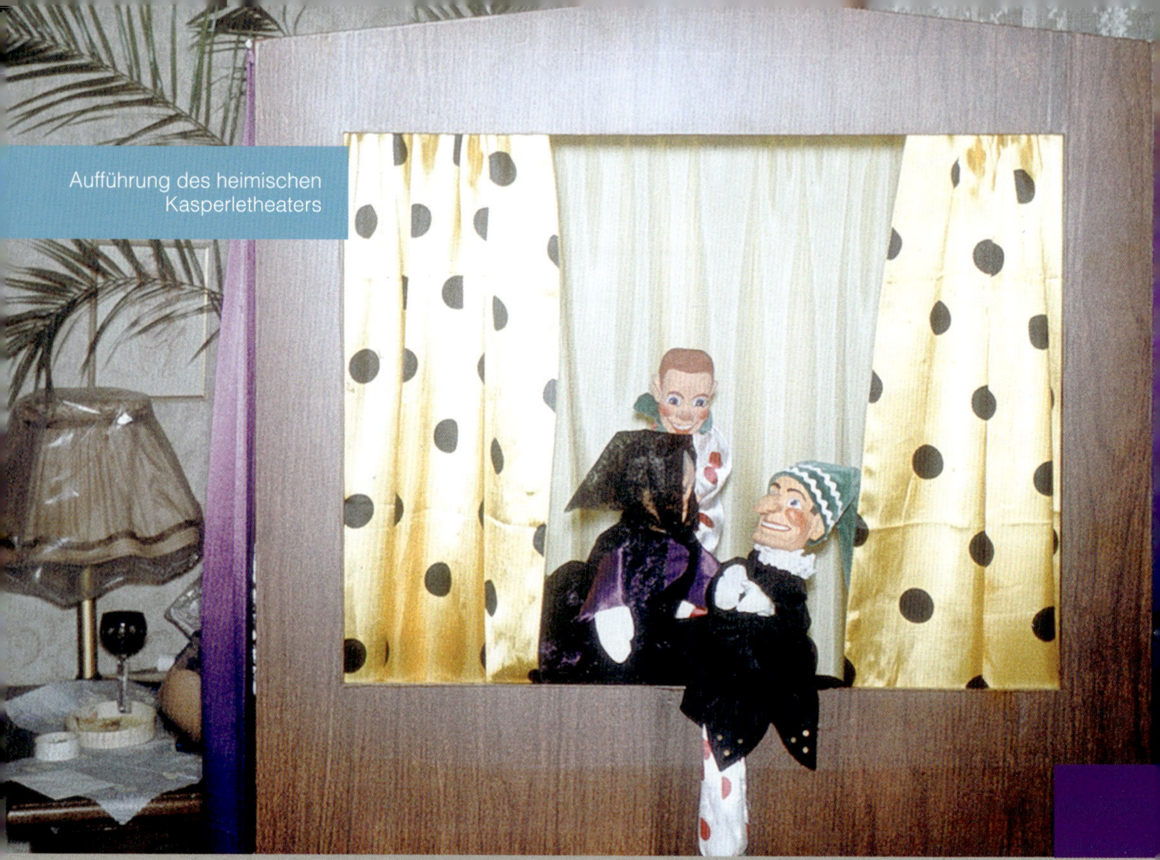

Aufführung des heimischen Kasperletheaters

lief. Was wir sehen durften, wurde in einer Fernsehzeitschrift, dem „Gong“, angekreuzt; bei anderen Kindern war die Praxis liberaler, überall aber war das Fernsehen eher eine nebensächliche Freizeitbeschäftigung, und das Spiel draußen und mit anderen Kindern, Jungen wie Mädchen, war nach Erledigung der Hausaufgaben die Regel.

Als Hobby entwickelte sich in jenen Jahren das Briefmarkensammeln. Eine tolle Spielmöglichkeit für drinnen wurde die Eisenbahn. „Klicker spielen“ war etwas für drinnen wie draußen; unsere Sammlungen verschiedenfarbiger und unterschiedlich

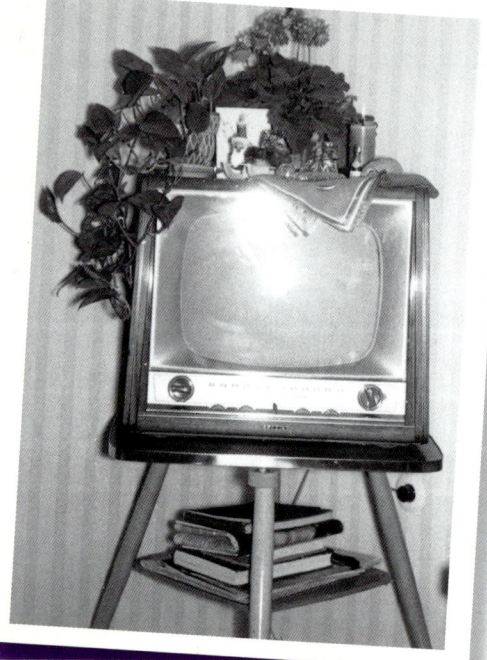

Ein Fernseher-Modell dieser Jahre

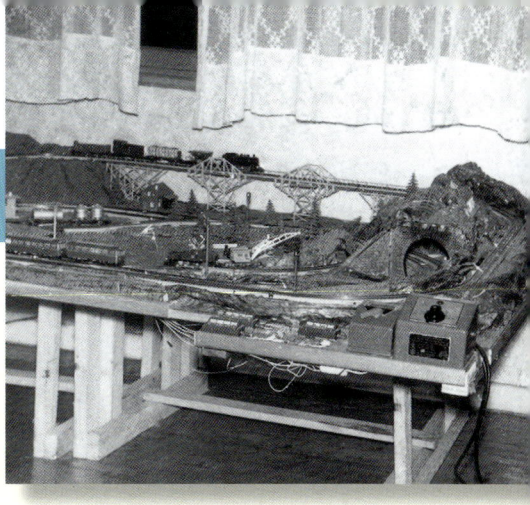

großer Glaskugeln konnten sich erweitern
oder verkleinern, je nachdem, ob man beim
Spiel gegen andere gewann oder verlor. Vom
Klickerspiel handelte der erste oder zweite
Schulaufsatz, den ich schrieb – ein „Meister-
werk", das vor allem durch die Schlichtheit
seiner sprachlichen Mittel besticht. Aus dem
Gedächtnis wiedergegeben, dürfte er ziemlich genau so gelautet haben: „Thomas
und Johannes spielen Klicker. Johannes hat ein Säckchen Klicker. Thomas hat
auch ein Säckchen Klicker. Johannes wirft einen Klicker in die Grube. Thomas wirft
auch einen Klicker in die Grube. Ditsch. Thomas hat gewonnen." Wie weit hier
auch sachlich Realismus waltet oder aber Wunschdenken, weiß ich nicht mehr, ich
fürchte: Letzteres.

Ein Schallplattenspieler war inzwischen angeschafft; wir Kinder hörten etwa
Sprechplatten wie „Der Schatz im Silbersee" nach Karl May, eine Platte mit den
„Bremer Stadtmusikanten" und „Rumpelstilzchen" sowie „Kasperles lustige Strei-

che". Ein kleines Theater mit Kasperlefiguren
aus Holz ermöglichte später, selbst Szenen
zu spielen. Von Kosmos gab es damals
schon Platten mit Vogelstimmen; in der Natur
versuchten wir dann, die Vögel nach ihrem
Gesang zu identifizieren.

Unsere „drei K": Käpt'n Konny, Kirche und Kommunion

Ein großer Vorteil der Schule war, dass man lesen lernte – und so erhielt man
Zugang zur Welt der Fantasie und der Bücher. Als „absolute Qualität" galten die
Schneider-Bücher; hier konnte man etwa die Abenteuer von „Käpt'n Konny" und
seinen Freunden auf dem Segelboot oder der „Jungens von Burg Schreckenstein"

verfolgen; für Mädchen gab der Verlag u. a. Romane von Berte Bratt wie „Anne und Jess", „Hab Mut, Katrin" oder „Unsere Claudia" heraus. Die Geschichten von „Jim Knopf und Lukas dem Lokomotivführer" konnte man jetzt auch lesen.

Sonntags in die Kirche zu gehen war selbstverständlich; als Kinder begleiteten wir die Eltern auch auf den Fronleichnamsprozessionen. Mit etwa acht Jahren gingen die katholischen Kinder zur Erstkommunion. In der Schule wurden wir vom Pastor im Religionsunterricht darauf vorbereitet, lernten den Katechismus, und vor der Kommunion gingen wir zum ersten Mal zur Beichte. Am Weißen Sonntag zogen wir – die Mädchen in weißen Kleidern, die Jungen in Anzügen – mit den großen Kommunionskerzen von der Schule zur Kirche; die Kerzen wurden in der Kirche in Halterungen gesteckt, die an den Bänken angebracht waren.

Viele Jungen wurden bald Messdiener – für Mädchen bestand diese Möglichkeit noch nicht. Zur Erstkommunion wurden uns viele Bücher geschenkt und Jungen bekamen von ihrem Patenonkel ihre erste Armbanduhr, Mädchen von ihrer Patentante häufig eine Halskette mit einem Kreuz als Anhänger.

Kommunionkinder auf dem Weg zur Kirche

„Love me do" – „The Beatles"

1962 finden die „Beatles", die 1959 gegründet wurden, ihre Stammbesetzung: Ringo Starr stößt als Schlagzeuger zur Band. Trotz großer Publikumsresonanz bei Konzerten misslingt der erste Versuch, bei der Decca eine Schallplatte aufzunehmen: Der Produzent der Firma, Derek Rowe, sieht im Januar 1962 keine Erfolgschance für diese Musik. Im Juni desselben Jahres erhalten die „Beatles" einen Vertrag bei EMI/Parlophone. Auf die erste Single „Love me do" folgen 1963 die zweite „Please please me" sowie eine gleichnamige LP. Die „Beatles" bringen eine große Zahl von Hits und LPs heraus (u. a. 1964 „A hard day's night", 1965 „Help", jeweils mit gleichnamigem Film).

Sound und Aufnahmetechnik werden mit den Jahren komplexer; „Sgt. Pepper's Lonely Hearts Club Band" (1967) ist die erste LP der Rockgeschichte, die im Achtspur-Verfahren aufgenommen wird. 1970 löst sich die Band auf, und die Gruppenmitglieder gehen in der Musik eigene Wege.

Die „Beatles" sind auch so etwas wie „Trendsetter": Ihre Pilzkopffrisur wird von vielen Jugendlichen nachgemacht – „er läuft rum wie ein ‚Beatle'" ist ein geflügeltes Wort und Synonym für Jungen mit langen Haaren. Der Hit „All you need is love" kann als Motto der Flowerpower-Bewegung der 60er-Jahre gelten.

Clowns und Cowboy

Cowboys, Clowns und Kirmes

Wenn man im Rheinland groß wird, gehört die Fastnacht dazu. Kölle Alaaf, Mainz Helau – und Maye Majoh. Wir verkleideten uns als Clowns, Cowboys oder Indianer – mit Federkronen und im Gesicht rot angemalt, was beim Schnupfen, den man oft zu dieser Jahreszeit bekam, relativ unpraktisch war – und gingen zum Zug. Die Trompeten und vor allem die Pauken und Trommeln gingen einem durch und durch, und auch die Mägen begannen zu vibrieren.

7. bis 10. Lebensjahr

Selbstfahrer, wie man Autoscooter damals nannte, bei einer Kirmes

Von den Wagen wurden in großen Mengen Kamellen in die Menge geworfen, die wir aufhoben und sammelten. Das Clownskostüm meines Bruders, das ich später übernahm, bestand aus Jacke und Hose aus zweifarbigem, seidigem Stoff; statt eines Gürtels hatte die Hose oben einen Gummizug und auch die weiten Hosenbeine schlossen unten mit engen Gummis ab – also konnte man kurz das Gummi um die Hüften lüften und die Kamellen einwerfen, die sich in den Hosenbeinen ansammelten. Zu Hause wurde die „Beute" dann besichtigt und verteilt.

Zu den besonderen Veranstaltungen der Kinder- und Jugendzeit gehört die Kirmes, die es in jeder Stadt und jedem Dorf gab: mit verschiedenen Buden, Karussells etc. Bei uns Kindern waren Schiffsschaukel und Selbstfahrer besonders beliebt, Jugendliche versuchten sich gerne an Schießbuden.

Der erste Auschwitz-Prozess in Frankfurt a. M.

Im Prozess, der von 1963–1965 stattfindet, werden Mitglieder der Lagermannschaft des Vernichtungslagers Auschwitz vor Gericht gestellt. Am Ende des Prozesses „wurden 17 Angeklagte wegen insgesamt 15 209 Morden im Vernichtungslager Auschwitz verurteilt ... Der Vorsitzende Richter Hans Hofmeyer ... wurde bei der mündlichen Urteilsbegründung von Tränen übermannt, als er die Ermordung von Kindern schilderte, und Staatsanwalt Joachim Kügler ... versagte beim Schluss- plädoyer die Stimme. Das war nicht nur verständlich, das war adäquat und ermöglichte erst, die Mordvorgänge ohne innere Abschottung in den Blick zu nehmen" (J. Perels, Entsorgung der NS-Herrschaft?, Hannover 2004, S. 222).

Der Initiator des Prozesses ist der Frankfurter Generalstaatsanwalt Fritz Bauer. Außer Zeugenaussagen werden auch Gutachten von Historikern in den Prozess eingebracht, Bauer will den Gesamtkomplex vor Gericht bringen, will die Aufklärung der deutschen Gesellschaft über die Vergangenheit erreichen.

Wellensittiche und Kubakrise

Mit der Kubakrise 1962/63 schien die Welt an den Rand eines Atomkriegs gerückt. Sowjetische Mittelstreckenraketen waren auf Kuba stationiert worden. John F. Kennedy verlangte am 22. Oktober 1962, dem Höhepunkt der Kubakrise, von der UdSSR den Rücktransport der Raketen und den Abbau der Abschussrampen. Am 28. Oktober kam Nikita Chruschtschow dieser Forderung nach (der Abzug war Anfang Januar 1963 abgeschlossen). Der Konflikt wurde mit einem gemeinsamen Schreiben beider Staaten an den UN-Generalsekretär beigelegt.

Und was haben Wellensittiche mit der Kubakrise zu tun? An sich nichts, aber ... Tiere zu haben oder gar mitzuerleben, wie die Jungen schlüpfen, ist für Kinder eine große Freude. Manche Kinder hatten Zebrafinken zu Hause oder Goldfische im Aquarium, andere hatten Katzen oder Hunde. Wir bekamen ein Wellensittichpärchen, Hansi, einen weißen Sittich, und die grüne Lore. Der Käfig sollte auch einen Brutkas- ten bekommen, denn wir wollten miterleben, wie die Vögel Eier legten und die Jungen schlüpften. Die Sache hatte nur einen Haken: Hansi, das Männchen, erwies sich als Weibchen. Mit zwei weiteren Männchen gelang dann aber unser Plan, auf dem Speicher wurde später aus Holzlatten und Maschendraht ein großer Käfig gebaut, mehrere Nistkästen wurden angebracht. Wir konnten in den Nistkästen die Eier sehen und die kleinen, nackten Jungen – mit der Zeit wurden es um die 15 Wellensittiche, die im Käfig umherflatterten.

Der Verkäufer der Wellensittiche verkaufte auch Luftschutzartikel. Es gab eine Zeit, in der Angst herrschte, Angst vor einem neuen Krieg und „vor einer Explosion"; worum es damals ging, wusste ich nicht, aber rückblickend kann es nur die Zeit der Kubakrise gewesen sein. Wir sollten möglichst nicht an die Fenster gehen, weil das gefährlich wäre, wenn es die Explosion gäbe. Aber dafür hatte der Sittichmann ein Gegenmittel: Er verkaufte Alufolie, mit der man zum Schutz die Fenster auskleiden sollte.

Die Vorstellungen, was man bei einem Atomkrieg machen solle, waren in der damaligen Zeit und noch Jahre später ohnehin sehr naiv: Man sollte sich unter die Fensterbank bücken oder unter den Tisch kriechen. Ein Nachklang der Kriegszeit war es, dass im Keller Vorräte eingelagert wurden: große Mengen an Vollkornbrot in Dosen, Luncheon Meat sowie Kerzen und Streichhölzer.

Reitversuche auf dem Bauernhof

Auf dem Land

Eine Abwechslung für uns Stadtkinder waren die Besuche bei Verwandten auf dem Land. Es gab damals noch viele kleine bäuerliche Betriebe und keine Massentierhaltung. Oder: Eine Familie war Inhaber eines Lebensmittelgeschäfts und hatte daneben noch etwas Landwirtschaft mit einem Stall und einigen Kühen, mit Hühnern oder mit einem Stück Feld, auf dem Getreide angepflanzt wurde.

Schön war es, die kleinen Küken zu sehen, die sich in einem großen begehbaren Verschlag befanden. In den Kuhstall zu gehen war einerseits interessant, andererseits musste man immer aufpassen, nicht in Kuhfladen hineinzutreten – wir kamen ja aus der Stadt und waren nur zu Besuch, trugen also auch Kleidung und Schuhe, die nicht allzu schmutzig werden sollten. Die leckere, frisch gemolkene Kuhmilch zu trinken, die uns angeboten wurde, war ein Genuss.

Die „Spiegel"-Affäre

Am 27. Oktober 1962 stürmen Polizisten die Redaktionsräume des „Spiegel" in Hamburg und Bonn, verschiedene Redakteure und der Herausgeber Rudolf Augstein werden verhaftet; auf Veranlassung von Verteidigungsminister Franz Josef Strauß, der deshalb mit dem Militärattaché der Deutschen Botschaft in Madrid telefoniert hat, wird der stellvertretende Chefredakteur Conrad Ahlers im Urlaub in Spanien festgenommen und nach Deutschland gebracht; Vorwurf: Verrat von Staatsgeheimnissen im Zusammenhang mit einem Bericht über das Nato-Manöver „FALLEX 62", über Mängel in der Verteidigungsbereitschaft der Bundeswehr sowie die Abwehrstrategie beim Szenario eines atomaren Überfalls durch die Sowjetunion. In der Folge der Affäre muss eine neue Regierung gebildet werden, nun ohne Strauß.

Die juristischen Verfahren ziehen sich bis 1966 hin, keiner der Beschuldigten wird strafrechtlich belangt.

Urlaub und Familienausflüge

Zumindest der Sonntag, oft auch der Samstag, war Familientag. Man unternahm Ausflüge in die Umgegend, etwa zum Nürburgring oder nach Trier, an die Mosel oder den Rhein, verbunden mit einer Dampferfahrt, machte Spaziergänge oder Picknick, teils begleitet von Freunden der Eltern oder der Kinder. Wenn ein See das Ziel des Ausflugs war, fuhren wir mit Tret- oder Ruderbooten. Oder man konnte auf Luftmatratzen am Rand des Gewässers paddeln. Wenn die Möglichkeit bestand, spielten wir auch gerne Minigolf.

Urlaub, das hieß in dieser Zeit für die meisten Menschen, die wegfahren konnten und nicht zu Hause blieben: Ferien in der Bundesrepublik oder im angrenzenden Ausland, wohin man mit dem Auto oder mit der Bahn fuhr; Flugreisen waren noch lange nicht üblich, erst ab 1970 gab es den Luftverkehr mit Großraumflugzeugen. Freunde fuhren etwa zum Lago Maggiore oder zum Gardasee nach Italien oder nach Holland, andere blieben zu Hause, unternahmen aber öfter Tagesausflüge.

Postkarte vom Nürburgring

7. bis 10. Lebensjahr

Weitere Reiseziele waren der Bodensee mit der Insel Mainau oder der Chiemsee in Bayern, Südtirol – etwa die Gegend um Meran und Bozen – oder das Montafon/ Vorarlberg, von wo die landschaftlich traumhaft schöne Silvretta-Alpengruppe mit dem Silvretta-Stausee mit dem Auto gut zu erreichen war. Wir fuhren einige Male nach Österreich in die Nähe von Innsbruck. Das bedeutete, gegen 4 Uhr morgens loszufahren, um Staus auf der Autobahn zu vermeiden. Nach ca. 8 Stunden Autofahrt, einige Pausen eingeschlossen, waren wir am Urlaubsziel angekommen.

Das, was wir als Kinder in jenen Jahren zu Mittag oder Abend verzehrten, würde uns wahrscheinlich heute für einige Tage außer Gefecht setzen. Der Teller musste mit Fleisch (Wiener Schnitzel, Grillplatten) und Fritten bis an den Rand gefüllt sein. Im Magen „eingebettet" wurde das Ganze in Limonade, Apfelsaft oder Coca-Cola. Für den Fall, dass das Essen doch zu viel war, hatte man Eltern, die meist verhinderten, dass etwas zurückgehen musste.

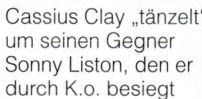

Cassius Clay „tänzelt"
um seinen Gegner
Sonny Liston, den er
durch K.o. besiegt

Cassius Clay alias Muhammad Ali

Im Jahr 1960 gewinnt Cassius Clay (geb. 1942) bei den Olympischen Spielen in Rom die Goldmedaille im Halbschwergewicht, danach wird er Berufsboxer. Am 25. Februar 1964 wird Clay durch einen K.o.-Sieg in der 7. Runde über Charles „Sonny" Liston Boxweltmeister im Schwergewicht.

Am 25. Mai 1965 gewinnt er durch K.o. in der ersten Runde gegen denselben Gegner – die erste von neun erfolgreichen Titelverteidigungen. Im selben Jahr tritt Clay den Black Muslims bei und heißt ab nun Muhammad Ali. 1967 wird ihm der Titel wegen Kriegsdienstverweigerung – er wollte nicht in den Vietnamkrieg ziehen – aberkannt, ab 1970 boxt Ali wieder. Einen WM-Kampf gegen Joe Frazier verliert er 1971, doch 1974 wird er gegen George Foreman erneut Weltmeister. Gegen Leon Spinks gewinnt er 1978 nochmals den Titel, den er im folgenden Jahr kampflos abgibt. 1981 beendete er seine Karriere.

Vom Kind zum Jugendlichen, von der privaten zur „großen" Welt

Kinderfreunde und -freuden

Mit der Zeit hatte sich in der Schule eine Gruppe von Freunden – Jungen wie Mädchen – herausgebildet, die meist miteinander spielten: Ballspiele auf der wenig befahrenen Straße, Fangen in den verwilderten Gärten, Kartenspiele wie Quartetts oder Spiele mit Cowboy- und Indianerfiguren zu Hause. Bei Kindergeburtstagen oder – in katholischen Gegenden – Kindernamenstagen war das Verlosen von kleinen Geschenken eingeführt worden.

Langsam begann die Zeit, in der viele von uns „Karl May" lasen; ein Freund und ich brachten es im Laufe der Jahre auf jeweils über 40 Bände; andere Kinder liebten Comics wie „Fix und Foxi" und „Micky Maus". Winnetou und Old Shatterhand gehörten auch zu den wenigen Kinohöhepunkten in der Kleinstadt.

Chronik

18. März 1966
Die katholische Glaubenskongregation in Rom veröffentlicht Neuregelungen zur „Mischehenfrage": Katholiken, die nicht katholisch getraut werden, werden deshalb nicht mehr exkommuniziert.

27. Oktober 1966
Die Koalition von CDU/CSU und FDP zerbricht aufgrund von Differenzen in der Finanzpolitik. Erhard tritt zurück und am 1. Dezember wird Kurt Georg Kiesinger Kanzler einer großen Koalition aus CDU/CSU und SPD.

15. Januar 1967
Die ungünstige Entwicklung der Wirtschaft führt zu einem Anstieg auf 578 400 Arbeitslose, im März sind es 682 000.

2. Juni 1967
Beim Besuch des Schahs von Persien, Reza Pahlevi, in Berlin schlagen Mitglieder seiner Leibwächtertruppe mit Knüppeln auf die Studenten ein, die gegen sein Regime und die Folterungen in seinem Land protestieren. Der Student Benno Ohnesorg wird von einem Berliner Polizisten erschossen.

5.–10. Juni 1967
Der Sechstagekrieg (3. Israelisch-Arabischer Krieg) bricht aus, mit erheblichen Gebietsgewinnen für Israel.

3. Dezember 1967
Christiaan Barnard führt die erste Herztransplantation in Kapstadt bei Louis Washkansky durch, der am 21. Dezember stirbt.

27. Mai 1968
Der Prozess um den Contergan-Skandal beginnt. Die Einnahme des rezeptfreien Schlafmittels durch Schwangere hat zu Missbildungen bei Tausenden Kindern geführt.

5. März 1969
Gustav Heinemann wird zum Bundespräsidenten gewählt.

28. September 1969
Die Bundestagswahl führt zur Bildung einer sozialliberalen Koalition, am 21. Oktober wird Willy Brandt zum Bundeskanzler gewählt.

23. Oktober 1969
Der Rückzug der US-Truppen aus Vietnam beginnt.

Comic-Leser

Kurzschuljahre und Schulwechsel

Am 1. April 1966 beschlossen die Kultusminister, das Schuljahr solle künftig am 1. August beginnen, und zwar ab dem Jahr 1967. Zur Überbrückung bzw. Umstellung auf die neue Regelung dienten die so genannten „Kurzschuljahre" oder ein doppelzähliges Langschuljahr. 1967 entschied sich für uns also nach zwei Kurzschuljahren, auf welche Schule wir künftig gehen sollten, wobei Kinder damals auch noch nach dem 5. Schuljahr die Schule wechseln konnten; die Klassenlehrer besprachen, auf Basis der Noten mit den Eltern, ob das Kind das Gymnasium, die Realschule oder weiter die Hauptschule besuchen sollte.

Im Nachhinein gesehen hätten sicher manche Kinder besser gefördert werden können. Legasthenie kannte man noch nicht; wer viele Schreibfehler machte, bekam eben eine schlechte Note in Rechtschreibung, was seine Chancen, auf eine weiterführende Schule zu gehen, verringerte.

1966 – das Fußballjahr

1966 war ein besonderes Jahr: Die Fußballweltmeisterschaft in England fand statt! Wichtige Spieler der von Helmut Schön trainierten deutschen Mannschaft waren Haller, Schnellinger, Overath, Emmerich, Held, Seeler, Beckenbauer, zu den internationalen Stars gehörten Eusebio und Pele.

Es war die erste Fußball-WM, die ich bewusst mitbekam. In der Vorrunde wurden die Schweiz (5:0) und Spanien bezwungen (2:1), gegen Argentinien gab es ein 0:0. Im Viertelfinale gewann die Mannschaft gegen Uruguay (4:0), im Halbfinale gegen die Sowjetunion (2:1), und erst im Finale am 30. Juli verlor sie nach Verlängerung unglücklich gegen England (2:4).

Die neue Schule

Die soziale Herkunft hatte sicher noch einen gewissen Einfluss darauf, ob Kinder auf die höhere Schule gingen und wie sie dort zurechtkamen. Wer z. B. zu Hause Dialekt („Platt") sprach, hatte es in Deutsch, einem der wichtigen Fächer, schwerer.

Kinder aus dem dörflichen Umland mussten mit dem Bus zum Gymnasium kommen, hatten also auch viel früher aufzustehen. Zudem waren viele von ihnen weniger gut ans Gymnasium herangeführt worden. Kinder vom Land, die in den ersten Jahren die Schule gerade so packten, wurden später zu sehr guten Schülern – es lag also nicht an der „Begabung", sondern an den Bedingungen oder der schwierigeren Eingewöhnung.

Das Staatliche Neusprachliche Gymnasium brachte neue Herausforderungen für uns. Neue Fächer waren Englisch, Biologie und Erdkunde, ab der Quarta (7. Klasse) kamen Geschichte und eine weitere Fremdsprache (Latein oder Französisch) hinzu, in späteren Jahren noch Physik, Chemie, eine dritte Fremdsprache (fakultativ) und Sozialkunde.

Geschichten von seinen Lehrern wird jeder später erzählen und mit ehemaligen Klassenkameradinnen und -kameraden austauschen. Bei uns gab es, wie wohl an

jeder Schule, Lehrer, die ihr Programm herunterspulten, und solche, die sich Mühe gaben, kuriose Typen und andere, die man besser aus dem Verkehr gezogen hätte. Dass Lehrer gegenüber Schülern Gewalt anwandten, sie etwa ohrfeigten, kam in Ausnahmefällen noch vor. Es gab Lehrer, die ihren Hinterkopf bei guten Antworten der Schüler genüsslich an der Wand rieben, wie solche, die bei schlechten Antworten voller Verzweiflung die Kreide in die Luft warfen: wie etwa, als ein ratloser Schüler im Deutschunterricht beim Thema „Schimpfwort" auf die Frage: „Warum werden dumme Menschen ‚Holzkopf' genannt?", antwortete: „Ja … Holz is' ja auch nisch' so intelligent."

Bei einem Lehrer sangen wir einmal wöchentlich Lieder aus der „Mundorgel" sowie Fahrten- und Landsknechtslieder: „Wir lagen vor Madagaskar", „Weit lasst die Fahnen wehen", „Vom Barette schwankt die Feder" und anderes; damals gefielen uns diese Lieder, heute würde man sich so etwas nicht mehr anhören, geschweige denn singen.

Kultur- und Wertewandel der 60er-Jahre

Unsere Welt war in jenen Jahren noch weitgehend von unserem privaten Umfeld bestimmt: von Familie, Freundinnen und Freunden und Schule. Den kulturellen Wandel der 60er-Jahre bekamen wir noch kaum mit – wenn, dann durch ablehnende oder zustimmende Bemerkungen der Eltern oder durch das, oft kritisierte, Äußere von älteren Jugendlichen.

Die 68er-Bewegung war nicht der Anfang des Wandels, sondern seine Fortsetzung. Wirtschaftswunder, wachsende Bedeutung von Konsum und Freizeit, flächendeckende Verbreitung des Fernsehens, Einflüsse von Seiten anderer Länder, besonders der USA, Reformdebatten in der Gesellschaft – dies sind einige Stich-

worte, welche die Entwicklung beschreiben. Werte wie Selbstentfaltung, Emanzipation, Lebensqualität traten neben solche wie Disziplin, Zuverlässigkeit, Gehorsam und ließen diese in den Hintergrund rücken.

Ein Bereich, in dem sich der Wandel zeigte, war die Werbung, die in den 60er-Jahren professionalisiert und auch sexualisiert wurde. Charles Wilp entwickelte 1968 die Werbung für Afri-Cola mit dem Spruch: „Sexy-Mini-Super-Flower-Pop-Op-Cola. Alles ist in Afri-Cola". In der Werbung für Fa-Seife wurde erstmals eine nackte Frau in der Fernsehwerbung gezeigt; in jene Zeit fielen auch Filme Oswald Kolles wie „Das Wunder der Liebe", „Deine Frau, das unbekannte Wesen", „Dein Mann, das unbekannte Wesen".

Die Hippiebewegung, die seit Mitte der 60er-Jahre für Freiheit, Unangepasstheit, Ekstase u. a. stand, fand Eingang in die Werbung und die Massenkultur. Das äußere Erscheinungsbild war freier geworden, nonkonform etwa in Bezug auf Kleidung, lange Haare, wobei diese Nonkonformität wieder zu einer neuen Mode wurde, es entstand die Anti-Mode.

Der Prager Frühling

Am 5. Januar 1968 wird Alexander Dubcek zum neuen Ersten Sekretär des Zentralkomitees der KP der CSSR gewählt. In der Folge rücken weitere Reformpolitiker in führende Positionen vor. Nach dem Aktionsprogramm der Partei, das im April veröffentlicht wird, soll die Nationalversammlung alle Vollmachten erhalten, die ein Parlament in einer demokratischen Republik besitzt. In der Regierungserklärung des neuen Ministerpräsidenten Oldrich Cernik werden Maßnahmen zur Demokratisierung des öffentlichen Lebens angekündigt, zu Unrecht verurteilte oder gemaßregelte Bürger des Landes sollen rehabilitiert werden. Ein „Sozialismus mit menschlichem Antlitz" ist das Ziel.

Am 20./21. August 1968 wird der Prager Frühling durch Einmarsch von Truppen des Warschauer Pakts beendet. Das in die UdSSR verschleppte Politbüro wird gezwungen, dem Abbau der Reformen zuzustimmen.

Die 68er und ihr Einfluss in der Kleinstadt

Längst nahmen wir nicht nur die Welt unmittelbar um uns herum, sondern auch die „große Welt" und die Politik wahr: den Vietnamkrieg, die Vorgänge um den Prager Frühling, die Attentate auf Martin Luther King (am 4. April 1968) und Robert Kennedy (am 5. April 1968) sowie auf Rudi Dutschke (am 11. April 1968). Bilder von protestierenden Studenten sah man regelmäßig in den Nachrichten oder politischen Magazinen.

Der Protest der „68er" richtete sich gegen den Vietnamkrieg, gegen Kolonialismus, man solidarisierte sich mit den Befreiungsbewegungen in der „Dritten Welt". Kritik geübt wurde zudem an der aus ihrer Sicht undemokratischen Organisation der Universitäten, an der ungenügenden Auseinandersetzung der deutschen Gesellschaft mit ihrer nationalsozialistischen Vergangenheit sowie an der Großen Koalition und ihrer Notstandsgesetzgebung, gegen die z. B. am 11. Mai 1968 in Bonn 30 000 Menschen demonstrierten.

Wir waren noch zu jung, um mit den Themen der APO (Außerparlamentarischen Opposition) viel anfangen zu können; aber indirekt waren wir einbezogen, sofern wir ältere Geschwister hatten. Zwei Lehrer an der Schule galten als „Linke", sehr engagierte Lehrer, die auch Arbeitskreise außerhalb der Schulstunden anboten; die politische und religiöse Einstellung ihrer Schüler, deren Auftreten und Aussehen

Demonstration gegen den Vietnamkrieg

11. bis 14. Lebensjahr

(lange Haare) führten in einigen Familien zu großen Konflikten und wurden den beiden Lehrern angelastet, die ihre Schüler manipuliert haben sollten. Die Lehrer verließen die Schule schließlich unter dem Druck von Kollegen- und Elternschaft.

Eine Szene einige Jahre später mag die politische Stimmung weiter Kreise beleuchten: 1969 war Willy Brandt Bundeskanzler geworden, 1972 verlor die sozialliberale Regierung durch Übertritte von Abgeordneten zur CDU/CSU ihre Mehrheit im Bundestag, bei den folgenden Neuwahlen wurde die Regierung bestätigt. Vor dieser Wahl erklärte ein Lehrer für Geschichte und Religion im privaten Kreis im Gestus des Eingeweihten, wenn jetzt noch einmal die SPD gewänne, dann wären dies die letzten freien Wahlen in der Bundesrepublik. Als „verdächtig" galten also nicht alte Nazis, die auch nach 1945 Einfluss hatten, sondern der Nazi-Gegner Willy Brandt, von dem manche befürchteten, er werde „uns" an „die Russen" verraten.

Mondlandung

Am 16. Juli 1969 startet das Raumschiff Apollo XI von Kap Kennedy aus zum Mond, getragen von einer 111 Meter hohen, 31 000 Tonnen schweren, 155 Mio. PS starken Saturn-V-Rakete. Die Besatzung bilden die Astronauten Neil A. Armstrong, Michael Collins und Edwin E. Aldrin. Am 20. Juli wird die Mondlandefähre „Eagle" von der Kommandokapsel getrennt, die von Collins weiter um den Mond gesteuert wird. Armstrong und Aldrin landen auf dem Mond, den Armstrong als erster Mensch betritt. Insgesamt halten sich die beiden Astro-

nauten 22 Stunden auf dem Mond auf, davon über zwei Stunden außerhalb der Landefähre. Am Abend des 21. Juli verlassen beide den Mond und kehren zum Mutterschiff zurück, das am 24. Juli im Pazifik landet.

Die Astronauten Armstrong, Collins und Aldrin (von links nach rechts)

Von Heino zum Jazz

Was hörten „wir" damals an Musik? Es
hing vom Geschmack, vom Umfeld, in
dem man groß wurde, und auch von
dem ab, womit man sich sonst
beschäftigte.

Bei den Wandertagen, die es in
jedem Schuljahr gab, hatte ein Mitschü-
ler seine Gitarre dabei und wir sangen, wenn Halt gemacht wurde, Lieder aus der
„Mundorgel", auch Fahrtenlieder, später mehr Songs wie „Blowing in the Wind",
„Yesterday", „We Shall Overcome". Ein Echo der Fahrten- und Landsknechtslieder
aus Sexta und Quinta war bei manchen eine kurzfristige Vorliebe für Heino; andere
hörten und schauten samstags die „Hitparade" mit Dieter Thomas Heck, ein
Fortschritt demgegenüber war schon „Disco" mit Ilja Richter.

Eine stete Institution dieser Zeit waren die Wettbewerbe „Jugend musiziert";
beginnend auf lokaler Ebene über Landesebene und schließlich bundesweit wurde
bewertet, was Kinder und Jugendliche im Bereich der „klassischen Musik" vor-
spielten: geordnet nach Altersgruppen, nach Instrumenten oder Musikformationen
(Solo, Quartett etc.).

Die 60er- und 70er-Jahre waren aber vor allem die große Zeit von Musikgruppen
wie den Rolling Stones, in Deutschland den Lords, von Led Zeppelin, Jethro Tull,
von Sängerinnen und Sängern wie Janis Joplin, Bob Dylan, David Bowie; in
Woodstock, dem bis dahin größten Musikfestival, das vom 15. bis 17. August 1969
stattfand, traten u. a. Joan Baez, Crosby, Stills, Nash & Young und Joe Cocker auf.
Einige dieser Bands und Sänger wie die Stones, Bob Dylan, Neil Young machen
bis heute mit Erfolg Musik.

Das Interesse an Schlagern und der Hitparade verlor sich mit der Zeit, und wenn
wir „Musik mit deutschen Texten" hörten, waren das häufig die Songs der Liedermacher. Wir machten einander gegenseitig auf gute Musik aufmerksam; wenn wir uns
trafen und zusammensaßen, lief oft Musik dazu. Ein Freund kam über mich zu Cat
Stevens, ich lernte über ihn Dave Brubeck (Klavier), Paul Desmond (Alt-Saxophon)
und Gerry Mulligan (Bariton-Saxophon) kennen („Take five"), über meinen Bruder
den Jazz-Pianisten Keith Jarrett. Dessen Köln-Konzert war für mich Poesie in Noten:
als würde in Klängen von Geschehnissen oder Landschaften erzählt.

Protestsongs und Liedermacher

Am Anfang stehen Sänger wie Woody Guthrie und Pete Seeger, die mit aktualisierten Texten aus Volksliedern Friedens- und Antikriegslieder machten. Ende der 50er-, Anfang der 60er-Jahre entwickeln sich Folkmusic und Protestsong in Zusammenhang mit der amerikanischen Bürgerrechtsbewegung und in der Gegnerschaft zum Vietnamkrieg. Joan Baez, Bob Dylan, Phil Ochs, Tom Paxton und andere werden die Stimme einer ganzen Generation amerikanischer Jugendlicher und schaffen ein Gemeinschaftsgefühl innerhalb der kritischen, unangepassten Jugend, über Ländergrenzen hinweg. An die Folkmusic und ihre Singer/Songwriter lehnen sich Mitte/Ende der 60er-Jahre die Liedermacher an, die in Personalunion Texter, Komponist, Sänger und meist Instrumentalist (oft Gitarrist) sind. Nicht die Kunst, das Künstliche, soll im Mittelpunkt stehen, sondern es gilt, das Selbstverständnis seiner Generation auszudrücken.

Liedermacher spielen in der 68er-Bewegung eine Rolle und engagieren sich in

Die amerikanische Folk-Sängerin, Bürgerrechtlerin und Pazifistin Joan Baez in den frühen 70ern

der Anti-AKW- und Friedensbewegung der 80er-Jahre. Die Inhalte der Lieder sind teils politisch-gesellschaftskritisch, teils auch privat. Wichtige Vertreter in Deutschland sind Franz Josef Degenhardt, Hannes Wader, Walter Moßmann, Reinhard Mey, Dieter Süverkrüp; Konstantin Wecker wird seit Anfang der 70er-Jahre bekannt. Lieder mit Nonsense-Texten oder Wortspielen sind eine Spezialität von Ulrich Roski oder Schobert & Black. Wolf Biermann, zu dessen frühen Platten „Chausseestraße 131" und „Mit Marx- und Engelszungen" gehören, knüpft in manchen seiner Lieder an die Tradition des Bänkelsangs an.

Fernsehserien dieser Zeit

Ein Stück gern erinnerter Vergangenheit sind die Fernsehserien dieser Jahre, wobei wir im Alter von zehn bis 13 Jahren längst nicht alles sehen durften. Nur in Ausnahmefällen waren die Abenteuer des Raumschiffs ORION erlaubt, dasselbe galt für die erste Zeit der Abenteuer von Emma Peel (Diana Rigg) und John Steed (Patrick MacNee) in der Krimiserie „Mit Schirm, Charme und Melone". Äußerst spannend waren die Geschichten des Diebs Al Mundy im Dienste einer Spionageabteilung der Regierung („Ihr Auftritt, Al Mundy!"). Und dies waren unsere Lieblingsserien:

- **Bonanza,** 1962–1965, ARD, ab 1967 im ZDF; Westernserie;
- **Der Forellenhof**, 1965/1966, Wiederholung 1968, ARD; Familienserie um einen Hotelbetrieb, mit Hans Söhnker u. a.;
- **Auf der Flucht**, 1965–1967, ARD, die letzten beiden Folgen in Farbe; mit David Janssen als Dr. Richard Kimble;
- **Raumpatrouille**, 1966, Wiederholung 1968, ARD; die Abenteuer des Raumschiffs ORION, mit Dietmar Schönherr (Cliff Allistair McLane), Eva Pflug (Tamara Jagellovsk), Wolfgang Völz (Mario de Monti) u. a.;
- **Mit Schirm, Charme und Melone**, 1966–1970, ZDF; Serie mit Patrick Macnee und Diana Rigg;
- **Bezaubernde Jeannie**, 1967–1971, ZDF; amüsante Geschichten um den Flaschengeist Jeannie (Barbara Eden) und ihren Meister, den Astronauten Tony Nelson (Larry Hagman);
- **Super Max/Mini-Max**, ab 1967 im ARD-Regionalfernsehen, 1971/1972 im ZDF; Blödelserie im Agentenmilieu;
- **Salto Mortale**, 1969, ARD; Geschichten einer Artistenfamilie, u. a. mit Gustav Knuth, Hans-Jürgen Bäumler, Joseph Offenbach, Hellmut Lange, Kay Fischer;
- **Der Kommissar**, 1969–1976, ZDF; Krimiserie mit Erik Ode, Günther Schramm, Helma Seitz, Fritz „Harry" Wepper u. a.;
- **Ihr Auftritt, Al Mundy!**, 1969–1970, ZDF; mit Robert Wagner in der Titelrolle;
- **High Chaparral**, 1969–1972, ZDF; Westernserie;
- **Daktari**, 1969/1970, ZDF; Serie um einen Tierarzt im afrikanischen Dschungel;
- **Der Chef**, 1969/1970, 1974, ARD; Krimiserie um Robert T. Ironside (Raymond Burr), den Polizeichef im Rollstuhl;
- **Mannix**, 1969–1973, ARD; Krimiserie um den Privatdetektiv Joe Mannix (Mike Connors);
- **Immer wenn er Pillen nahm**, ZDF; zwar erst 1970 – darf in dieser Auflistung aber nicht fehlen; Superman-Persiflage vom einfachen Mann, der mit der Pille für einige Zeit zum kraftstrotzenden Alleskönner wird.

Mrs. Peel und Mr. Steed aus „Mit Schirm, Charme und Melone"

11. bis 14. Lebensjahr

Auf dem Weg zum Erwachsenwerden

Fete im Partykeller

Partys und Tanz

Insgesamt waren wir alle recht brav; dass Mädchen und Jungen fest „miteinander gingen", kam nicht allzu häufig vor, war zumindest nicht die Regel. Während die Freunde oder Freundinnen meist aus dem schulischen Umfeld kamen, war die Tanzstunde eine Gelegenheit, auch andere Jungen und Mädchen kennen zu lernen. Bei einer ziemlich aufgetakelten, mäßig sympathischen Tanzlehrerin lernten wir die verschiedenen Tänze wie Walzer, Foxtrott, Tango, Rock 'n' Roll. Als wir schon etwas gelernt hatten, gab es den Mittelball, in Verbindung mit Fastnacht, auf dem auch der Karnevalsprinz bei uns vorbeisah. Hoch feierlich war dann der Abschlussball, zu dem die Jungen die „Dame" mit einer Rose bei ihr zu Hause abholten. Die Mädchen trugen schicke lange Kleider statt der sonst üblichen

Chronik

12. Januar 1970
Die Kapitulation Biafras beendet den seit zweieinhalb Jahren andauernden Bürgerkrieg in Nigeria; von den 14 Mio. Einwohnern Biafras kamen ca. 2 Mio. Menschen um, 1,5 Mio. durch Hunger.

19. Juni 1970
Nach Zustimmung des Bundesrats kann ein Gesetz in Kraft treten, wonach das aktive Wahlalter auf 18 Jahre herabgesetzt wird; das passive Wahlrecht und die Volljährigkeit werden erst 1975 auf 18 Jahre gesenkt.

6. Mai 1971
In Ostberlin stirbt die Schauspielerin und Intendantin Helene Weigel (geb. 1900), seit 1929 mit Brecht verheiratet.

10. Dezember 1971
Willy Brandt wird der Friedensnobelpreis verliehen.

27. April 1972
Das von der CDU/CSU und ihrem Kandidaten Rainer C. Barzel gegen Willy Brandt eingebrachte Misstrauensvotum scheitert.

20. September 1972
Willy Brandt verliert – wie geplant – im Bundestag die Vertrauensfrage; bei den Neuwahlen am 19. November wird die Regierung bestätigt.

21. Dezember 1972
Unterzeichnung des Grundlagenvertrags zwischen BRD und DDR in Ostberlin.

11. September 1973
Militärputsch in Chile, gestützt vom CIA; Präsident Salvador Allende wird ermordet, politische Gegner werden verfolgt und gefoltert.

25. April 1974
Mit einem Militärputsch in Portugal („Nelkenrevolution") beginnt der Weg des Landes zur Demokratie.

6. Mai 1974
Rücktritt von Willy Brandt wegen der „Guillaume-Affäre"; sein Nachfolger als Bundeskanzler wird Helmut Schmidt.

8. August 1974
Richard Nixon, am 7. November 1972 erneut zum Präsidenten gewählt, tritt wegen der Watergate-Affäre zurück. Sein Nachfolger wird Gerald Ford.

Röcke oder Hosen mit T-Shirt, Bluse oder Pulli, die Jungen Anzüge oder Hose und Jackett; vor der Krawatte konnte ein Rollkragenpulli retten.

Manche Mitschülerinnen oder Mitschüler hatten einen Partykeller in der Wohnung der Eltern, wo wir gelegentlich „Feten" feierten; wir tranken Bier oder Limo und Cola. An Fastnacht oder Silvester gab es verschiedene Bälle oder Feten, wo wir, nach der Teilnahme an der Tanzstunde, unsere neu gewonnenen Fertigkeiten erproben konnten – oder es besser bleiben ließen, weil es mit diesen Fähigkeiten doch nicht so weit her war.

Schul- und Freizeitsport, Olympia und Fußball-WM 1974

In der Schule fanden jährlich die Bundesjugendspiele statt; in drei Disziplinen traten wir an und erhielten, wenn die Punktzahl hoch genug dafür war, eine Urkunde: 100-Meter-Lauf, Kugelstoßen und Weitsprung. Manche Mitschülerinnen und Mitschüler machten bei „Jugend trainiert für Olympia" mit, trainierten im Leichtathletik-Verein und nahmen regelmäßig an Sportfesten teil, andere waren im Tischtennis-, Basketball-, Hockey-, Fußball- oder Handballverein. Gelegentlich spielten in Fußball, Hand- oder Basketball die

Mannschaften verschiedener Schulklassen gegeneinander. Je nach Lehrer wurden Trainingsmethoden des Leistungssports wie Zirkeltraining in den Schulsport eingeführt.

Nicht nur im Verein wurde Sport getrieben: Gruppen von uns fanden sich zusammen, um auf der Straße oder auf freien Plätzen Fußball zu spielen, oder spielten Basketball, wenn die Sporthalle der Schule nicht besetzt war. Einige von uns hatten Tischtennisplatten zu Hause, wo wir, wenn wir zu mehreren waren, auch kleine Turniere veranstalteten.

München 1972: Nach dem Attentat wehen die Fahnen in den Sportstätten auf halbmast

In diese Jahre fielen zwei sportliche Großereignisse, die in der Bundesrepublik stattfanden: Am 26. August 1972 begannen in München und Kiel (Segelwettbewerbe) die Olympischen Sommerspiele mit vielen sportlichen Höhepunkten, aus bundesdeutscher Sicht etwa mit den Goldmedaillen u. a. von Heide Rosendahl (Weitsprung), Klaus Wolfermann (Speerwerfen), Ulrike Meyfarth (Hochsprung); im Männer-Sprint gewann über 100 und 200 m der sowjetische Sportler Valeri Borzov, bei den Frauen Renate Stecher aus der DDR. Im Schwimmen dominierte Mark Spitz aus den USA auf verschiedenen Strecken.

Erschüttert wurden die bis dahin fröhlichen Spiele durch den Überfall arabischer Terroristen auf die israelische Olympiamannschaft am 5. September. Bei einem gescheiterten Befreiungsversuch wurden alle neun israelischen Geiseln sowie ein Polizist und fünf Terroristen getötet, zwei Israelis waren schon vorher von den Terroristen ermordet worden. Nach einer eintägigen Unterbrechung und Trauerfeier gab IOC-Präsident Brundage die Devise aus: „The games must go on".

Das zweite Großereignis war die Fußball-WM 1974; da wir mit einigen Freunden zu dieser Zeit in England waren, versuchten wir dort möglichst viele Spiele zu verfolgen. Wir sahen die Niederlage gegen die DDR in der ersten Finalrunde (0:1) und aus der zweiten Finalrunde (die Endspielteilnehmer wurden bei dieser WM aus zwei Vierergruppen ermittelt statt durch Achtel-, Viertel- und Halbfinale) den 4:2-Sieg gegen Schweden sowie das „Regenspiel" zwischen Polen und Deutschland mit „Muller" (Gerd Müller) und „Casper Jack" (dem polnischen Spieler Kasperczak). Das Endspiel am 7. Juli, das die Mannschaft der Bundesrepublik 2:1 gegen die Niederlande gewann, konnten wir dann wieder zu Hause verfolgen.

DDR gegen BRD: DDR-Stürmer Martin Hoffmann (rechts) und Verteidiger Berti Vogts (Mitte) stürmen dem Ball nach, links Franz Beckenbauer

Der Warschauer Vertrag und Willy Brandts Geste

Am 7. Dezember 1970 wird bei einem Polen-Besuch Willy Brandts der „Warschauer Vertrag" unterzeichnet. Dessen Präambel verweist darauf, dass Polen das erste Opfer der nationalsozialistischen Eroberungspolitik geworden ist. Die Oder-Neiße-Linie wird als Westgrenze Polens anerkannt.

Der Kniefall des deutschen Bundeskanzlers Willy Brandt vor dem Denkmal für die Opfer des Warschauer Ghettos steht für die Bitte um Vergebung für die Verbrechen seines Volkes. Brandt notiert. In seinem Tagebuch: „Ich habe mich, trotz hämischer Kommentare in der Bundesrepublik, dieser Haltung nicht geschämt … Unter der Last der jüngsten Geschichte tat ich, was Menschen tun, wenn die Worte versagen; so gedachte ich der Millionen Ermordeter. Aber ich dachte auch daran, dass Fanatismus und Unterdrückung der Menschenrechte – trotz Auschwitz – kein Ende gefunden haben. Wer mich verstehen wollte, konnte mich verstehen; und viele in Deutschland haben mich verstanden."

Religion und Werte, Ansätze einer Gesellschaftskritik

Eine christliche Erziehung war in jener Zeit in unserem Umfeld selbstverständlich. Im Religionsunterricht lasen wir das Neue und das Alte Testament, die hebräische Bibel. Mit dem Neuen Testament wurden die Grundlagen des christlichen Glaubens vermittelt

In späteren Jahren wurden im Religionsunterricht auch die anderen Weltreligionen sowie Themen wie der Tod und das mögliche Leben danach, Suizid, Sexualität, Krieg und Frieden besprochen. Dass ein Krieg immer Unrecht bedeutet und es keinen gerechten Krieg geben kann, war uns selbstverständlich. Auch Freizeitaktivitäten waren

E.A.Rauter: **wie eine Meinung in einem Kopf entsteht**
WEISMANN VERLAG
Über das Herstellen von Untertanen

Wie kommt ein Staat zu den Untertanen, die für ihn in den Krieg ziehen?

mit Religion oder Kirche verbunden; manche Jugendliche gingen in den Ferien nach Taizé, viele waren Mitglied der Pfadfinder.

Die Glaubenssicherheit im Christentum löste sich für viele Jugendliche mit der Zeit auf, was in den Familien zu großen Problemen führen konnte. Aus der Diskrepanz zwischen christlichen Werten (Nächstenliebe) und gesellschaftlicher Realität (Leistungsprinzip, Konkurrenzdenken, Primat der Wirtschaft, Erfolg als Ziel) konnten sich Ansätze zu einer Kritik unserer Umwelt und der Gesellschaft ergeben.

Unsere „Opposition" drückte sich oft in simplen Dingen wie der Kleidung aus: Wenn wir Jeans anzogen und längere Haare hatten, bei feierlichen Anlässen keinen Anzug und keinen Schlips trugen, dann bedeutete dies, dass wir uns nicht in eine vorgegebene Ordnung einpassen ließen. „Was bin ich selber, was ist von außen bestimmt?", war eine Frage, die viele sich stellten. Man wollte selbst sehen, was richtig war, und wollte sich dies nicht von anderen vorgeben lassen.

Wenn wir uns solche Gedanken machten und die oft vorgefundenen konservativen Denkmodelle verließen, führte das nicht zu einer Revolte wie bei den 68ern; aber wir waren nie so angepasst wie spätere Generationen. Mit unserer Reflexion auf unsere Umwelt war die Grundlage da, aus der sich eigenständiges Leben entwickeln konnte.

Terrorismus in der Bundesrepublik seit den 70er-Jahren

Andreas Baader, Gudrun Ensslin und Ulrike Meinhof bilden den „harten Kern" der ersten Generation einer terroristischen Gruppierung, die im Mai 1970 gegründet wird und sich selbst seit 1971 „Rote Armee Fraktion" (RAF) nennt. Die RAF führt Krieg gegen die parlamentarische Demokratie der Bundesrepublik, sieht sich als eine Art deutsche Formation im internationalen Befreiungskampf.

Innerhalb weniger Jahre begeht die Gruppe acht Morde; bis Mitte 1972 kann die Führungsriege der RAF verhaftet werden. Ziel der zweiten Generation der RAF ist die Befreiung der inhaftierten Gruppenmitglieder; sie ermordet am 10. November 1974 Günter von Drenkmann, 1977 Siegfried Buback, Jürgen Ponto und Hanns-Martin Schleyer. Im selben Jahr begehen Baader, Ensslin und Jan-Karl Raspe in ihren Zellen Selbstmord (Ulrike Meinhof im Mai 1976).

Die Mordanschläge der RAF sorgen für eine Vergiftung des politischen Klimas in den 70er-Jahren. Die Rasterfahndung wird eingeführt, neue Anti-Terror-Gesetze greifen in das Privatleben vieler Bürger ein. Wer, wie etwa Heinrich Böll, vor Überreaktionen des Staates warnt oder das Handeln der Terroristen verstehen will (was nicht heißt, Verständnis dafür zu haben), wird als deren „Sympathisant" diffamiert.

Nicht zu vergessen ist der Rechtsradikalismus jener Jahre; neben einer ganzen Reihe von rechtsextremen Zirkeln besteht die 1973 gegründete „Wehrsportgruppe Hoffmann", die die Demokratie zerschlagen und einen „Führerstaat" aufbauen will; sie wird Ende Januar 1980 verboten.

Aufklärung über deutsche Geschichte

Der Charakter des nationalsozialistischen Systems als verbrecherisch stand im familiären und schulischen Umfeld, unter Freunden und Bekannten nie infrage. Die Frage, ob man etwas dagegen hätte tun können, war immer wieder ein Thema in Diskussionen mit den Eltern. Wenn es um die Vergangenheit ging, so geschah dies

Eine Gedenktafel links von der Eingangstür erinnert an die Geschichte der „Judenschule" in Mayen

meist mit Bezug auf die Frage nach der Schuld der nichtjüdischen Deutschen: Die Menschen, denen Unrecht geschah, die gequält, ermordet wurden, mit ihrem kulturellen und religiösen Hintergrund, mit ihrem Alltag, ihren Wünschen und Hoffnungen für die Zukunft, standen am Rand, sie wurden eigentlich nur als Opfer gesehen. Auch damals schon gab es die Sprüche, nach denen endlich einmal Schluss sein müsse mit dem Reden von der Vergangenheit.

In der Schule hatten wir im Unterricht keine Lehrer, die nationalsozialistische Haltungen oder Gedanken vertraten. In der Mittelstufe sahen wir einmal einen Dokumentarfilm, der Konzentrationslager zeigte: bis zum Skelett abgemagerte Menschen, Leichen. In der Oberstufe wurde der Nationalsozialismus ausführlich im Geschichte-Leistungskurs behandelt; andere Schüler derselben Schule, die gleich alt oder etwas jünger waren und andere Kurse besuchten, haben in ihrer Schulzeit im Unterricht nie das Thema „Nationalsozialismus" behandelt.

Auch die Kleinstadt, in der wir lebten, hatte – wie Orte überall in Deutschland – eine jüdische Geschichte und eine nationalsozialistische Vergangenheit. Wir wussten von Zerstörungen in der Stadt zum Ende des Zweiten Weltkriegs, aber nichts von ihren früheren jüdischen Bürgern. Ca. 200 Juden, die in der Stadt oder der Umgebung gelebt hatten, wurden deportiert und ermordet.

Inzwischen ist eine Gedenktafel an der – verfallenden – Judenschule angebracht, am Straßenschild der Kirchgasse steht, dass sie bis 1936 „Judengasse" hieß, es leben wieder Juden in der Stadt, die zugezogen sind, und es gibt dort einen jüdisch-christlichen Arbeitskreis.

Der „Radikalenerlass"

Ende Januar 1972 verfassen Bundeskanzler Willy Brandt und die Ministerpräsidenten der Länder eine gemeinsame Erklärung, wonach die aktive Verfassungstreue die Voraussetzung für eine Einstellung in den öffentlichen Dienst sei; die Mitgliedschaft in einer verfassungsfeindlichen Organisation soll Zweifel an der Verfassungstreue des Bewerbers begründen. Problematisch an dieser Regelung ist v. a. die „Regel-Anfrage" vor der Einstellung jedes Bewerbers. Der Staat signalisiert hiermit, dass er seinen jungen Bürgern von vornherein misstraut. Die Fälle, in denen Bewerber unberechtigt abgewiesen werden, sind vermutlich nicht allzu viele; doch angesichts von 1,4 Mio. Anfragen zwischen 1972 und 1982 kann der Eindruck entstehen, wer einen „Fehltritt" begehe, habe keine Chance mehr, Konformismus zahle sich aus; der bürokratische Perfektionismus lässt bei vielen Angst aufkommen.

1976 kündigt die Koalition aus SPD und FDP den Beschluss von 1972 einseitig auf, SPD- und CDU-geführte Landesregierungen verfahren seitdem unterschiedlich.

Theater, Lektüre, Kultur

Eine beliebte Zeitschrift für Heranwachsende war die BRAVO. An die Karl-May-Zeit schloss bei manchen von uns eine eifrige Lektüre von Sciencefiction-Romanen an, andere mochten eher Comics; einige von uns entdeckten die Satiren von Ephraim Kishon mit Bänden wie „Drehen Sie sich um, Frau Lot" (1961) oder „Kein Applaus für Podmanitzki" (1973).

Der Suhrkamp-Verlag gab damals Werke der Literatur – z. B. Hesses „Steppenwolf", Frischs „Homo Faber",

Max Frisch, Homo Faber, als Suhrkamp Literatur Zeitung

München mit seinen Biergärten und Brau-
häusern war für uns die große weite Welt

15. bis 18. Lebensjahr

Brechts „Der kaukasische Kreidekreis" – in Zeitschriftenform heraus, so dass diese Texte billig für uns zu kaufen waren. Im Deutschunterricht lasen wir nicht nur Dramen und Novellen von Goethe, Schiller, Kleist, Gottfried Keller – eine Pflichtlektüre, mit der wir nicht allzu viel anfangen konnten –, sondern auch Gegenwartsliteratur wie Erzählungen von Böll und Wolfgang Borchert oder Siegfried Lenz' Roman „Deutschstunde", was auch Anregung zu eigener Lektüre gab. Für mich hatte Heinrich Böll große Bedeutung bekommen: Seine Hauptfiguren wie Hans Schnier aus den „Ansichten eines Clowns" waren für mich Menschen, die nicht in Konventionen dachten und lebten, moralisch in einer Menschlichkeit, die sich von der herrschenden Ordnung nicht unterdrücken ließ, und die in all dem über die bürgerliche Welt der Kleinstadt hinauswiesen.

Ein Theater gab es in der Kleinstadt nicht, aber wir hatten die Möglichkeit, in einer der größeren Nachbarstädte ins Theater zu gehen, und einige von uns hatten sogar ein Theaterabonnement.

Zu den Aktivitäten der Schule gehörten Fahrten zu Sehenswürdigkeiten und Museen im weiteren Umland – und während der Oberstufe eine längere Klassenfahrt. Wir fuhren mit zwei Kunstlehrern für eine Woche nach München, wo wir in einer Jugendherberge übernachten konnten. Wir besuchten Museen wie die Alte und die Neue Pinakothek, das Lenbachhaus mit seinen Werken von Jawlensky, Kandinsky, Franz Marc u. a. und das Deutsche Museum. Wir waren auf dem Olympiagelände und im Olympiastadion, und einige der Jungen sahen sich auch ein Bundesligaspiel an. Wir gingen ins Donis'l und ins Hofbräuhaus; die Maß kostete damals um die 2,- oder 3,- Mark. Das Flair und die Vielfalt der Großstadt gefielen uns, und ein Jahr später wurde die Fahrt wiederholt, nun ohne Lehrer, um München eigenständig zu erkunden.

Mit 15 erstes Gehalt, oder: Seekrank zum Schiffskoch?

Die Frage nach der Berufswahl stand für viele unseres Jahrgangs schon mit 15 Jahren an: Wer neun Jahre die Volks- und Hauptschule besucht hatte, war auch, wie die Gymnasiasten, in Deutsch, Mathe, den Naturwissenschaften, Geschichte, Englisch, Religion etc. unterrichtet worden. Mit etwa 15 musste man sich dann nach dem Hauptschulabschluss entscheiden, ob man eine weiterführende Schule besuchen oder gleich eine Lehre machen wollte.

Das Arbeitsamt bot eine Beratung an, mit Tests, um herauszufinden, welcher Beruf der geeignete sei. Allerdings war diese Beratung nicht unbedingt und immer das Nonplusultra: Jemandem, der auf Schifffahrten seekrank wurde, wurde etwa empfohlen, Schiffskoch zu werden. Bei einer solchen Feinabstimmung der Beratung war es vielleicht hilfreicher, in einem Betrieb für einige Wochen ein Praktikum zu machen, um so in den möglichen künftigen Beruf „hineinzuschnuppern".

Der weitere Weg nach der Hauptschule konnte z. B. so verlaufen, dass man zwei Jahre auf eine Handelsschule ging, dabei in den allgemeinen Fächern (wie Deutsch, Englisch, Geschichte, Mathe), in Betriebswirtschaft und dem für einen Büro- oder Bankkaufmann nötigen Wissen unterrichtet wurde, dann bei einer Bank bzw. Sparkasse angestellt wurde. Hier konnte man erst eine Lehre machen, mit begleitender Berufsschule, oder man wurde direkt, ohne Lehre, eingestellt, mit einem Anfangsgehalt von vielleicht vier- oder fünfhundert Mark.

Manche machten direkt nach der Hauptschule eine Lehre: Ein künftiger Verkäufer und Einzelhandelskaufmann wurde z. B. zugleich praktisch an seiner Lehrstelle, einem Bekleidungshaus, und begleitend in Theorie auf der Berufsschule ausgebildet. Waren- und Verkaufskunde, Warenpflege und Buchhaltung konnte man dann an der Arbeitsstelle lernen, dieselben Fächer neben Deutsch, Mathe etc. und einem Fach, das die Einschätzung der Kunden lehrte, an der Berufsschule.

Mit 15 verdiente man dann als Lehrling sein erstes Geld: ca. 200,- DM im Monat, im dritten und letzten Lehrjahr waren es etwa 350,- DM.

Gähnende Leere auf den Autobahnen

Die Ölkrise

Im Jom-Kippur-Krieg im Oktober 1973 setzen arabische Staaten – auch solche, die nicht direkt am Konflikt beteiligt sind – erstmals das Öl als politische Waffe ein: Der Ölpreis wird auf das Vierfache erhöht (im Vergleich zu 1,40 US-Dollar von 1970), die Produktion eingeschränkt, gegen die USA und die Niederlande als israelfreundlich vorübergehend ein Boykott verhängt. 1974 und in den folgenden Jahren gibt es weitere Preiserhöhungen. Die BRD verringert ihre Ölimporte 1974 um 6 % und bezahlt dafür 17 Mrd. DM mehr.

Am 25. November 1973 gibt es in der Bundesrepublik den ersten von drei autofreien Sonntagen, um Öl einzusparen; ein Tempolimit (100 km/h auf Autobahnen, 80 km/h auf Landstraßen) wird nach steigenden Öllieferungen am 15. März 1974 aufgehoben.

Die westlichen Staaten geraten in die bis dahin größte Wirtschaftskrise nach dem Zweiten Weltkrieg, für Reformvorhaben geht das Geld aus, die Arbeitslosigkeit steigt in der Bundesrepublik in den Folgejahren stark an. Zugleich beginnt ein Bewusstsein gegen die Verschwendung von Rohstoffen zu entstehen.

Wehrdienst oder Verweigerung?

Mit 18 konnten die Jungen zur Bundeswehr eingezogen werden; wer noch zur Schule ging, wurde zurückgestellt; alle Jungen wurden aber schon in der Schulzeit einem Eignungstest unterzogen, bei dem sie auf Fragebogen auf verschiedenen Gebieten geprüft wurden; einige Zeit später folgte die Musterung auf gesundheitliche bzw. Wehrtauglichkeit.

Wer den Wehrdienst verweigern wollte, musste noch eine ausführliche schriftliche Erklärung ausarbeiten und wurde vor einen Ausschuss geladen, der entschied, ob die Verweigerung anerkannt wurde. War dies der Fall, dann hatte er 18 Monate Zivildienst abzuleisten, sonst 15 Monate Wehrdienst.

Wesentlich erfreulicher war am Alter von 18 Jahren, dass wir den Führerschein machen konnten. Wir lernten nach Fragebogen bzw. gingen in die Fahrschule zum theoretischen Unterricht. Beim praktischen Unterricht mussten wir eine bestimmte Anzahl von Stunden mit einem Wagen mit Gangschaltung fahren, danach und zur Prüfung durfte ein Auto mit Automatik-Schaltung gewählt werden.

Mein Fahrlehrer war in der Prüfung ein Goldstück. Er redete unaufhörlich mit dem Prüfer, was mir das Gefühl gab, dass nicht alles auf mich konzentriert war. Alles ging gut, sogar das Rückwärts-Einparken klappte ohne Probleme und ich kam mit dem Führerschein nach Hause.

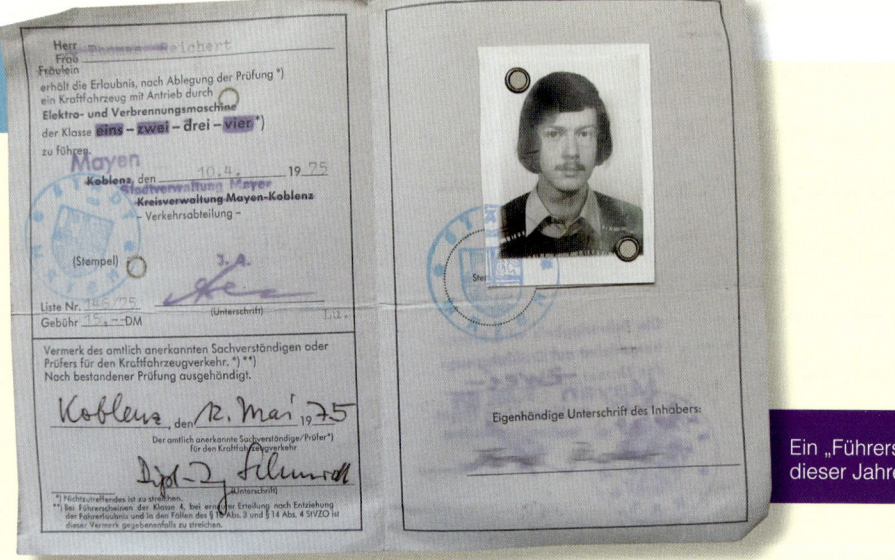

Ein „Führerscheinmodell" dieser Jahre

Reformierte Oberstufe und Abitur

In Rheinland-Pfalz waren wir der erste Jahrgang, bei dem die reformierte Oberstufe eingeführt, daher die Klassenverbände aufgelöst wurden und die Schüler Leistungs- und Grundkurse wählten. Einer der drei Leistungskurse, für die wir uns in der 11. Klasse entschieden, wurde im Abitur abgewertet; es musste ein Grundkurs

Dösen, reden, stricken oder Hausaufgaben machen –
moderne Schüler in modernen Schulgebäuden

bestimmt werden, in dem im Abitur mündlich geprüft wurde. Die Bereiche „Sprachen" und „Naturwissenschaften" mussten abgedeckt und Deutsch und Mathematik konnten nicht abgewählt werden. Wie üblich hing die Qualität der Kurse von der Qualität der Lehrer ab.

Um zum Abitur zugelassen zu werden, musste man aus einer bestimmten Anzahl von Kursen und der Facharbeit eine gewisse Punktzahl erreichen. Der Druck, der auf einem lastete, hing von den Vornoten ab und auch von den Fächern, die man studieren wollte: ob die Studienfächer unter den Numerus clausus fielen und wie hoch dieser war. Nach den schriftlichen Prüfungen gab es eine längere Pause, bevor wir ins Mündliche mussten: in mindestens einem Fach und in den Fächern der Leistungskurse, sofern wir in der Abiturarbeit um mehr als drei Punkte schlechter oder besser gewesen waren als in der Vornote.

Die Zeit nach dem Abitur war eine Zeit der Entspannung; wir trafen uns bei verschiedenen Mitschülern zum Feiern. Wir mussten morgens nicht früh aufstehen, um zur Schule zu gehen, und also konnte es abends ruhig spät werden. Bald begann eine neue Zeit: Für eine große Zahl der Jungen kam erst die Bundeswehr, für die Mädchen gleich das Studium oder der Beginn einer Berufsausbildung. Und im Herbst 1976 stand die erste Teilnahme an einer Bundestagswahl an; seit 1972 hatte man mit 18 das aktive, seit 1975 – mit der Herabsetzung der Volljährigkeit auf 18 Jahre – auch das passive Wahlrecht.

Blick zurück und aufs Heute

Zum Abschluss: Was war charakteristisch für diese Jahre, von 1956 bis in die Mitte der 70er-Jahre? Was war prägend für unser späteres Leben?

Ein wichtiger Punkt war, dass wir zugleich schon in zeitlicher Distanz wie noch in einer gewissen zeitlichen Nähe zum Nationalsozialismus und zum Krieg groß wurden. Wir sahen die Kriegsfolgen nicht mehr an Gebäuden, aber noch an den Menschen, an Verwandten, Nachbarn etc. Während in unserer Schulzeit klar war, dass kein Krieg zu rechtfertigen, jeder ungerecht sei, ist heute der Krieg wieder Mittel der Politik. Wer aber Krieg führt, macht sich immer schuldig – die Freiheit, die durch ihn vielleicht verteidigt oder errungen wird, ist zugleich der Tod anderer.

Für viele galt es, vielleicht in Zusammenhang mit der 68er-Bewegung, als obsolet, sich den vorherrschenden Normen und Regeln einfach anzupassen: „Unangepasst" zu sein war eher etwas Positives, „angepasst" negativ – man hatte einen freieren Blick auf gesellschaftliche Normen und Konventionen gewonnen, einen Blick von außerhalb, der das Vorgegebene nicht selbstverständlich sein ließ.

Die 60er-Jahre waren eine Zeit der Restauration, die Bundesrepublik gewann, mit den westeuropäischen Staaten und den USA verbunden, wieder Ansehen in der Welt, beruhend vor allem auf der wirtschaftlichen Leistung und meist unter Verdrängung der Vergangenheit. Die Ära Brandt war eine Zeit des Aufbruchs: „Mehr Demokratie wagen" war das Schlagwort, der Ost-West-Gegensatz wurde geringer. Die Sorge, dass es einmal zu einem Atomkrieg kommen könne, blieb. In den 70er-Jahren entwickelte sich ein Bewusstsein für den Erhalt der Natur, auf dem unsere Kultur beruht.

Der Terrorismus und der Radikalenerlass, der Raubbau an der Umwelt sowie die Kernwaffen mit der Gefahr eines Atomkriegs waren Probleme, die auf unsere Zukunft einen Schatten warfen: Durch den Radikalenerlass befürchteten viele eine Gesinnungsschnüffelei und Berufsverbote für politisch links Stehende, über die

Mitglieder verfassungsfeindlicher Parteien hinaus; der Terrorismus der RAF führte zu Polarisierungen in der Gesellschaft – wer die Beweggründe der Terroristen zu verstehen suchte, lief Gefahr, als Sympathisant diffamiert zu werden; aufgrund der Umweltverschmutzung und des Rohstoffverbrauchs stellte sich die Frage, wie lange wir noch in einer lebenswerten Umwelt leben konnten. Ideen für eine andere oder bessere Gesellschaft verloren mit den zunehmenden wirtschaftlichen Schwierigkeiten ihre Bedeutung: Jetzt ging es ums Management der bestehenden Probleme, nicht mehr um Aufbruch.

Wichtig war, was uns privat geprägt hat, die Erfahrungen im Elternhaus, doch lässt sich dies hier nicht untersuchen; es war, mit zeittypischen „Einfärbungen", von Familie zu Familie verschieden, wie in jeder Zeit. Die Zeit aber, mit dem kritischen Bewusstsein jener Jahre, hat uns zumindest eine Chance gegeben, uns im späteren Leben zu bewähren.

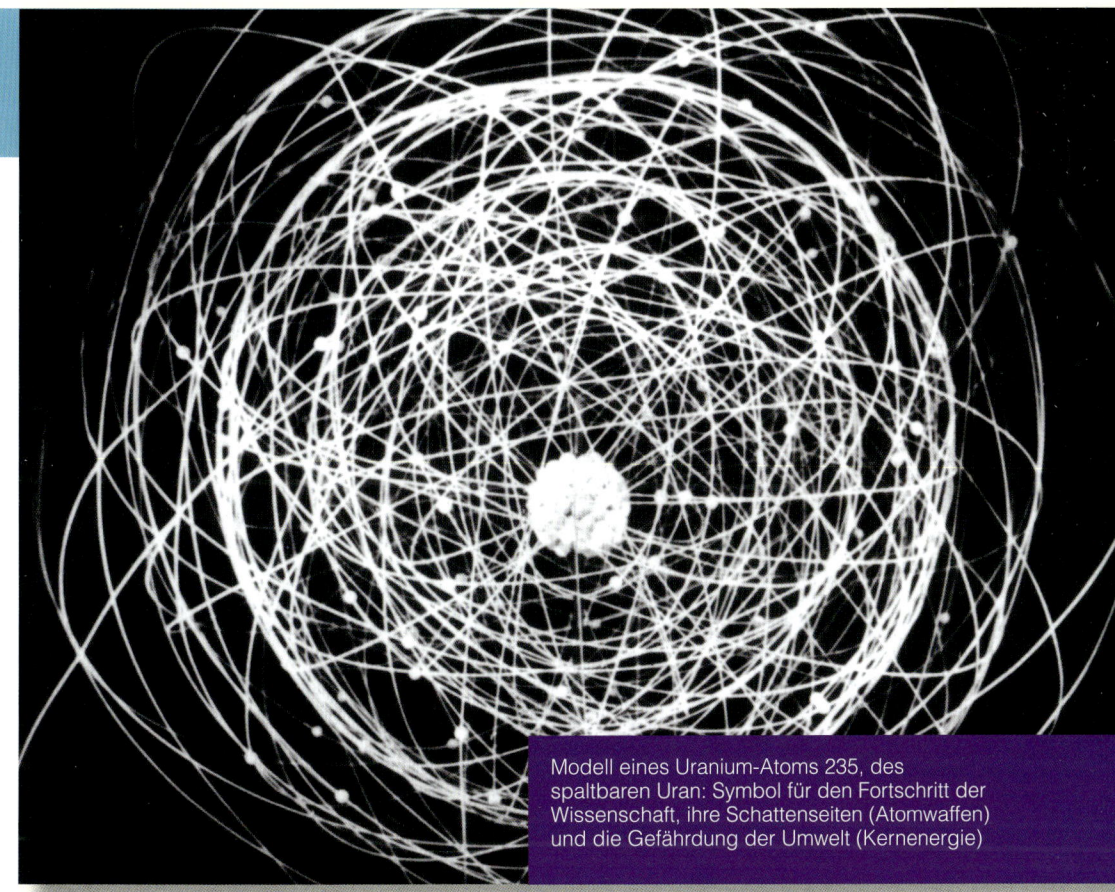

Modell eines Uranium-Atoms 235, des spaltbaren Uran: Symbol für den Fortschritt der Wissenschaft, ihre Schattenseiten (Atomwaffen) und die Gefährdung der Umwelt (Kernenergie)